U0361161

January 18, 1999

What do I consider my most important Contributions?

- That I early on—almost sixty years ago—realized that MANAGEMENT has become the constitutive organ and function of the Society of Organizations ;

- That MANAGEMENT is not "Business Management- though it first attained attention in business- but the governing organ of ALL institutions of Modern Society;

- That I established the study of MANAGEMENT as a DISCIPLINE in its own right;

  and

- That I focused this discipline on People and Power; on Values; Structure and Constitution; AND ABOVE ALL ON RESPONSIBILITIES- that is focused the Discipline of Management on Management as a truly LIBERAL ART.

Peter F. Drucker

我认为我最重要的贡献是什么？

- 早在60年前，我就认识到管理已经成为组织社会的基本器官和功能；

- 管理不仅是"企业管理"，而且是所有现代社会机构的管理器官，尽管管理最初侧重于企业管理；

- 我创建了管理这门独立的学科；

- 我围绕着人与权力、价值观、结构和方式来研究这一学科，尤其是围绕着责任。管理学科是把管理当作一门真正的人文艺术。

彼得·德鲁克

1999年1月18日

注：资料原件打印在德鲁克先生的私人信笺上，并有德鲁克先生亲笔签名，现藏于美国德鲁克档案馆。为纪念德鲁克先生，本书特收录这一珍贵资料。本资料由德鲁克管理学专家那国毅教授提供。

彼得·德鲁克和妻子多丽丝·德鲁克

德鲁克妻子多丽丝寄语中国读者

在此谨向广大的中国读者致以我诚挚的问候。本书深入介绍了德鲁克在管理领域方面的多种理念和见解。我相信他的管理思想得以在中国广泛应用，将有赖出版及持续的教育工作，令更多人受惠于他的馈赠。

盼望本书可以激发各位对构建一个令人憧憬的美好社会的希望，并推动大家在这一过程中积极发挥领导作用，他的在天之灵定会备感欣慰。

Doris Drucker

本页照片和多丽丝寄语原文与亲笔签名由彼得·德鲁克管理学院提供

养老金革命

[美] 彼得·德鲁克 著

沈国华 译

The Pension
Fund Revolution

彼得·德鲁克全集

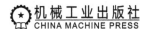
机械工业出版社
CHINA MACHINE PRESS

图书在版编目（CIP）数据

养老金革命 /（美）彼得·德鲁克（Peter F. Drucker）著；沈国华译 . —北京：机械工业出版社，2018.7（2025.1 重印）
（彼得·德鲁克全集）
书名原文：The Pension Fund Revolution
ISBN 978-7-111-60435-8

I. 养… II. ①彼… ②沈… III. 退休金 - 劳动制度 - 研究 - 美国 IV. F249.712

中国版本图书馆 CIP 数据核字（2018）第 156146 号

北京市版权局著作权合同登记 图字：01-2013-4452 号。

Peter F. Drucker. The Pension Fund Revolution.
ISBN 978-1-5600-0626-8
Simplified Chinese edition copyright © 1996 by Peter F. Drucker.
Chinese (Simplified Characters only) Trade Paperback Copyright © 2019 by China Machine Press.

本书两面插页所用资料由彼得·德鲁克管理学院和那国毅教授提供。封面中签名摘自德鲁克先生为彼得·德鲁克管理学院的题词。

养老金革命

出版发行：机械工业出版社（北京市西城区百万庄大街 22 号 邮政编码：100037）

责任编辑：孟宪勐		责任校对：李秋荣	
印　　刷：固安县铭成印刷有限公司		版　　次：2025 年 1 月第 1 版第 7 次印刷	
开　　本：170mm×230mm　1/16		印　　张：15	
书　　号：ISBN 978-7-111-60435-8		定　　价：79.00 元	

客服电话：（010）88361066　68326294

如果您喜欢彼得·德鲁克（Peter F. Drucker）或者他的书籍，那么请您尊重德鲁克。不要购买盗版图书，以及以德鲁克名义编纂的伪书。

功能正常的社会和博雅管理

为"彼得·德鲁克全集"作序

享誉世界的"现代管理学之父"彼得·德鲁克先生自认为，虽然他因为创建了现代管理学而广为人知，但他其实是一名社会生态学者，他真正关心的是个人在社会环境中的生存状况，管理则是新出现的用来改善社会和人生的工具。他一生写了 39 本书，只有 15 本书是讲管理的，其他都是有关社群（社区）、社会和政体的，而其中写工商企业管理的只有两本书（《为成果而管理》和《创新与企业家精神》）。

德鲁克深知人性是不完美的，因此人所创造的一切事物，包括人设计的社会也不可能完美。他对社会的期待和理想并不高，那只是一个较少痛苦，还可以容忍的社会。不过，它还是要有基本的功能，为生活在其中的人提供可以正常生活和工作的条件。这些功能或条件，就好像一个生命体必须具备正常的生命特征，没有它们社会也就不成其为社会了。值得留意的是，社会并不等同于"国家"，因为"国（政府）"和"家（家庭）"不可能提供一个社会全部必要的职能。在德鲁克眼里，功能正常的社会至少要由三大类机构组成：政府、企业和非营利机构，它们各自发挥不同性质的作用，每一类、每一个机构中都要有能解决问题、令机构创造出独特绩效的权力中心和决策机制，这个权力中心和决策机制同时也要让机构里的每个人各得其所，既有所担当、做出贡献，又得到生计和身份、地位。这些在过去的国家中从来没有过的权力中心和决策机制，或者说新的"政体"，就是"管理"。在这里德鲁克把企业和非营利机构中的管理体制与政府的统治体制统称为"政体"，是因为它们都掌握权力，但是，这是两种性质截然不同的权力。企业和非营利机构掌握的，是为了提供特定的产品和服务，而调配社会资源的权力，政府所拥有的，则是整个社会公平的维护、正义的裁夺和干预的权力。

在美国克莱蒙特大学附近，有一座小小的德鲁克纪念馆，走进这座用他的故居改成的纪念馆，正对客厅入口的显眼处有一段他的名言：

> 在一个由多元的组织所构成的社会中，使我们的各种组织机构负责任地、独立自治地、高绩效地运作，是自由和尊严的唯一保障。有绩效的、负责任的管理是对抗和替代极权专制的唯一选择。

当年纪念馆落成时，德鲁克研究所的同事们问自己，如果要从德鲁克的著作中找出一段精练的话，概括这位大师的毕生工作对我们这个世界的意义，会是什么？他们最终选用了这段话。

如果你了解德鲁克的生平，了解他的基本信念和价值观形成的过程，你一定会同意他们的选择。从他的第一本书《经济人的末日》到他独自完成的最后一本书《功能社会》之间，贯穿着一条抵制极权专制、捍卫个人自由和尊严的直线。这里极权的极是极端的极，不是集中的集，两个词一字之差，其含义却有着重大区别，因为人类历史上由来已久的中央集权统治直到20世纪才有条件变种成极权主义。极权主义所谋求的，是从肉体到精神，全面、彻底地操纵和控制人类的每一个成员，把他们改造成实现个别极权主义者梦想的人形机器。20世纪给人类带来最大灾难和伤害的战争和运动，都是极权主义的"杰作"，德鲁克青年时代经历的希特勒纳粹主义正是其中之一。要了解德鲁克的经历怎样影响了他的信念和价值观，最好去读他的《旁观者》；要弄清什么是极权主义和为什么大众会拥护它，可以去读汉娜·阿伦特1951年出版的《极权主义的起源》。

好在历史的演变并不总是令人沮丧。工业革命以来，特别是从1800年开始，最近这200年生产力呈加速度提高，不但造就了物质的极大丰富，还带来了社会结构的深刻改变，这就是德鲁克早在80年前就敏锐地洞察和指出的，多元的、组织型的新社会的形成：新兴的企业和非营利机构填补了由来已久的"国（政府）"和"家（家庭）"之间的断层和空白，为现代国家提供了真正意义上的种种社会功能。在这个基础上，教育的普及和知识工作者的崛起，正在造就知识经济和知识社会，而信息科技成为这一切变化的加速器。要特别说明，"知识工作者"是德鲁克创造的一个称谓，泛指具备和应用专门知识从事生产工作，为社会创造出有用的产品和服务的人群，这包括企业家和在任何机构中的管理者、专业人士和技工，也包括社会上的独立执业人士，如会计师、律师、咨询师、培训师等。在 21 世纪的今天，由于知识的应用领域一再被扩大，个人和个别机构不再是孤独无助的，他们因为掌握了某项知识，就拥有了选择的自由和影响他人的权力。知识工作者和由他们组成的知识型组织不再是传统的知识分子或组织，知识工作者最大的特点就是他们的独立自主，可以主动地整合资源、创造价值，促成经济、社会、文化甚至政治层面的改变，而传统的知识分子只能依附于当时的统治当局，在统治当局提供的平台上才能有所作为。这是一个划时代的、意义深远的变化，而且这个变化不仅发生在西方发达国家，也发生在发展中国家。

在一个由多元组织构成的社会中，拿政府、企业和非营利机构这三类组织相互比较，企业和非营利机构因为受到市场、公众和政府的制约，它们的管理者不可能像政府那样走上极权主义统治，这是它们在德鲁克看来，比政府更重要、更值得寄予希望的原因。尽管如此，它们仍然可能因为管理缺位或者管理失当，例如官僚专制，不能达到德鲁克期望的"负责任地、高绩效地运作"，从而为极权专制垄断社会资源让出空间、提供机会。在所有机构中，包括在互联网时代虚拟的工作社群中，知识工作者的崛起既为新的管理提供了基础和条件，也带来对传统的"胡萝卜加大棒"管理方式的挑战。德鲁克正是因应这样的现实，研究、创立和不断完善现代管理学的。

1999 年 1 月 18 日，德鲁克接近 90 岁高龄，在回答"我最重要的贡献是什么"这个问题时，他写了下面这段话：

　　我着眼于人和权力、价值观、结构和规范去研究管理学，而在所有这些之上，我聚焦于"责任"，那意味着我是把管理学当作一门真正的"博雅技艺"来看待的。

　　给管理学冠上"博雅技艺"的标识是德鲁克的首创，反映出他对管理的独特视角，这一点显然很重要，但是在他众多的著作中却没找到多少这方面的进一步解释。最完整的阐述是在他的《管理新现实》这本书第15章第五小节，这节的标题就是"管理是一种博雅技艺"：

　　30年前，英国科学家兼小说家斯诺（C. P. Snow）曾经提到当代社会的"两种文化"。可是，管理既不符合斯诺所说的"人文文化"，也不符合他所说的"科学文化"。管理所关心的是行动和应用，而成果正是对管理的考验，从这一点来看，管理算是一种科技。可是，管理也关心人、人的价值、人的成长与发展，就这一点而言，管理又算是人文学科。另外，管理对社会结构和社群（社区）的关注与影响，也使管理算得上是人文学科。事实上，每一个曾经长年与各种组织里的管理者相处的人（就像本书作者）都知道，管理深深触及一些精神层面关切的问题——像人性的善与恶。

　　管理因而成为传统上所说的"博雅技艺"（liberal art）——是"博雅"（liberal），因为它关切的是知识的根本、自我认知、智慧和领导力，也是"技艺"（art），因为管理就是实行和应用。管理者从各种人文科学和社会科学中——心理学和哲学、经济学和历史、伦理学，以及从自然科学中，汲取知识与见解，可是，他们必须把这种知识集中在效能和成果上——治疗病人、教育学生、建造桥梁，以及设计和销售容易使用的软件程序等。

作为一个有多年实际管理经验，又几乎通读过德鲁克全部著作的人，我曾经反复琢磨过为什么德鲁克要说管理学其实是一门"博雅技艺"。我终于意识到这并不仅仅是一个标新立异的溢美之举，而是在为管理定性，它揭示了管理的本质，提出了所有管理者努力的正确方向。这至少包括了以下几重含义：

第一，管理最根本的问题，或者说管理的要害，就是管理者和每个知识工作者怎么看待与处理人和权力的关系。德鲁克是一位基督徒，他的宗教信仰和他的生活经验相互印证，对他的研究和写作产生了深刻的影响。在他看来，人是不应该有权力（power）的，只有造人的上帝或者说造物主才拥有权力，造物主永远高于人类。归根结底，人性是软弱的，经不起权力的引诱和考验。因此，人可以拥有的只是授权（authority），也就是人只是在某一阶段、某一事情上，因为所拥有的品德、知识和能力而被授权。不但任何个人是这样，整个人类也是这样。民主国家中"主权在民"，但是人民的权力也是一种授权，是造物主授予的，人在这种授权之下只是一个既有自由意志，又要承担责任的"工具"，他是造物主的工具而不能成为主宰，不能按自己的意图去操纵和控制自己的同类。认识到这一点，人才会谦卑而且有责任感，他们才会以造物主才能够掌握、人类只能被其感召和启示的公平正义，去时时检讨自己，也才会甘愿把自己置于外力强制的规范和约束之下。

第二，尽管人性是不完美的，但是人彼此平等，都有自己的价值，都有自己的创造能力，都有自己的功能，都应该被尊敬，而且应该被鼓励去创造。美国的独立宣言和宪法中所说的，人生而平等，每个人都有与生俱来、不证自明的权利（rights），正是从这一信念而来的，这也是德鲁克的管理学之所以可以有所作为的根本依据。管理者是否相信每个人都有善意和潜力？是否真的对所有人都平等看待？这些基本的或者说核心的价值观和信念，最终决定他们是否能和德鲁克的学说发生感应，是否真的能理解和实行它。

第三，在知识社会和知识型组织里，每一个工作者在某种程度上，都既是知识工作者，也是管理者，因为他可以凭借自己的专门知识对他人和组织产生权威性的影响——知识就是权力。但是权力必须和责任捆绑在一起。而一个管理者是否负起了责任，要以绩效和成果做检验。凭绩效和成果问责的权力是正当和合法的权力，也就是授权（authority），否则就成为德鲁克坚决反对的强权（might）。绩效和成果之所以重要，不但在经济和物质层面，而且在心理层面，都会对人们产生影响。管理者和领导者如果持续不能解决现实问题，大众在彻底失望之余，会转而选择去依赖和服从强权，同时甘愿交出自己的自由和尊严。这就是为什么德鲁克一再警告，如果管理失败，极权主义就会取而代之。

第四，除了让组织取得绩效和成果，管理者还有没有其他的责任？或者换一种说法，绩效和成果仅限于可量化的经济成果和财富吗？对一个工商企业来说，除了为客户提供价廉物美的产品和服务、为股东赚取合理的利润，能否同时成为一个良好的、负责任的"社会公民"，能否同时帮助自己的员工在品格和能力两方面都得到提升呢？这似乎是一个太过苛刻的要求，但它是一个合理的要求。我个人在十多年前，和一家这样要求自己的后勤服务业的跨国公司合作，通过实践认识到这是可能的。这意味着我们必须学会把伦理道德的诉求和经济目标，设计进同一个工作流程、同一套衡量系统，直至每一种方法、工具和模式中去。值得欣慰的是，今天有越来越多的机构开始严肃地对待这个问题，在各自的领域做出肯定的回答。

第五，"作为一门博雅技艺的管理"或称"博雅管理"，这个讨人喜爱的中文翻译有一点儿问题，从翻译的"信、达、雅"这三项专业要求来看，雅则雅矣，信有不足。liberal art 直译过来应该是"自由的技艺"，但最早的繁体字中文版译成了"博雅艺术"，这可能是想要借助它在中国语文中的褒义，我个人还是觉得"自由的技艺"更贴近英文原意。liberal 本身就是自由。art 可以译成艺术，但管理是要应用的，是要产生绩效和成果的，所以它首先应该是一门"技能"。另一方面，管理的对象是人们的工作，和人打交道一定会面对人性的善恶，人的千变万化的意念——感性的和理性的，从这个角度看，管理又是一门涉及主观判断的"艺术"。所以 art 其实更适合解读为"技艺"。liberal——自由，art——技艺，把两者合起来就是"自由技艺"。

最后我想说的是，我之所以对 liberal art 的翻译这么咬文嚼字，是因为管理学并不像人们普遍认为的那样，是一个人或者一个机构的成功学。它不是旨在让一家企业赚钱，在生产效率方面达到最优，也不是旨在让一家非营利机构赢得道德上的美誉。它旨在让我们每个人都生存在其中的人类社会和人类社群（社区）更健康，使人们较少受到伤害和痛苦。让每个工作者，按照他与生俱来的善意和潜能，自由地选择他自己愿意在这个社会或社区中所承担的责任；自由地发挥才智去创造出对别人有用的价值，从而履行这样的责任；并且在这样一个创造性工作的过程中，成长为更好和更有能力的人。这就是德鲁克先生定义和期待的，管理作为一门"自由技艺"，或者叫"博雅管理"，它的真正的含义。

邵明路

彼得·德鲁克管理学院创办人

跨越时空的管理思想

20 多年来，机械工业出版社关于德鲁克先生著作的出版计划在国内学术界和实践界引起了极大的反响，每本书一经出版便会占据畅销书排行榜，广受读者喜爱。我非常荣幸，一开始就全程参与了这套丛书的翻译、出版和推广活动。尽管这套丛书已经面世多年，然而每次去新华书店或是路过机场的书店，总能看见这套书静静地立于书架之上，长盛不衰。在当今这样一个强调产品迭代、崇尚标新立异、出版物良莠难分的时代，试问还有哪本书能做到这样呢？

如今，管理学研究者们试图总结和探讨中国经济与中国企业成功的奥秘，结论众说纷纭、莫衷一是。我想，企业成功的原因肯定是多种多样的。中国人讲求天时、地利、人和，缺一不可，其中一定少不了德鲁克先生著作的启发、点拨和教化。从中国老一代企业家（如张瑞敏、任正非），及新一代的优秀职业经理人（如方洪波）的演讲中，我们常常可以听到来自先生的真知灼见。在当代管理学术研究中，我们也可以常常看出先生的思想指引和学术影响。我常常对学生说，当你不能找到好的研究灵感时，可以去翻翻先生的著作；当你对企业实践困惑不解时，也可以把先生的著作放在床头。简言之，要想了解现代管理理论和实践，首先要从研读德鲁克先生的著作开始。基于这个原因，1991年我从美国学成回国后，在南京大学商学院图书馆的一角专门开辟了德鲁克著作之窗，并一手创办了德鲁克论坛。至今，我已在南京大学商学院举办了100多期德鲁克论坛。在这一点上，我们也要感谢机械工业出版社为德鲁克先生著作的翻译、出版和推广付出的辛勤努力。

在与企业家的日常交流中，当发现他们存在各种困惑的时候，我常常推荐企业家阅读德鲁克先生的著作。这是因为，秉持奥地利学派的一贯传统，德鲁克先生总是将企业家和创新作为著作的中心思想之一。他坚持认为："优秀的企业家和企业家精神是一个国家最为重要的资源。"在企业发展过程中，企业家总是面临着效率和创新、制度和个性化、利润和社会责任、授权和控制、自我和他人等不同的矛盾与冲突。企业家总是在各种矛盾与冲突中成长和发展。现代工商管理教育不但需要传授建立现代管理制度的基本原理和准则，同时也要培养一大批具有优秀管理技能的职业经理人。一个有效的组织既离不开良好的制度保证，同时也离不开有效的管理者，两者缺一不可。这是因为，一方面，企业家需要通过对管理原则、责任和实践进行研究，探索如何建立一个有效的管理机制和制度，而衡量一个管理制度是否有效的标准就在于该制度能否将管理者个人特征的影响降到最低限度；另一方面，一个再高明的制度，如果没有具有职业道德的员工和管理者的遵守，制度也会很容易土崩瓦解。换言之，一个再高效的组织，如果缺乏有效的管理者和员工，组织的效率也不可能得到实现。虽然德鲁克先生的大部分著作是有关企业管理的，但是我们可以看到自由、成长、创新、多样化、多元化的思想在其著作中是一以贯之的。正如德鲁克在《旁观者》一书的序言中所阐述的，"未来是'有机体'的时代，由任务、目的、策略、社会的和外在的环境所主导"。很多人喜欢德鲁克提出的概念，但是德鲁克却说，"人比任何概念都有趣多了"。德鲁克本人虽然只是管理的旁观者，但是他对企业家工作的理解、对管理本质的洞察、对人性复杂性的观察，鞭辟入里、入木三分，这也许就是企业家喜爱他的著作的原因吧！

德鲁克先生从研究营利组织开始，如《公司的概念》（1946 年），到研究非营利组织，如《非营利组织的管理》（1990 年），再到后来研究社会组织，如《功能社会》（2002 年）。虽然德鲁克先生的大部分著作出版于 20 世纪六七十年代，然而其影响力却是历久弥新的。在他的著作中，读者很容易找到许多最新的管理思想的源头，同时也不难获悉许多在其他管理著作中无法找到的"真知灼见"，从组织的使命、组织的目标以及工商企业与服务机构的异同，到组织绩效、富有效率的员工、员工成就、员工福利和知识工作者，再到组织的社会影响与社会责任、企业与政府的关系、管理者的工作、管理工作的设计与内涵、管理人员的开发、目标管理与自我控制、中层管理者和知识型组织、有效决策、管理沟通、管理控制、面向未来的管理、组织的架构与设计、企业的合理规模、多角化经营、多国公司、企业成长和创新型组织等。

30 多年前在美国读书期间，我就开始阅读先生的著作，学习先生的思想，并聆听先生的课堂教学。回国以后，我一直把他的著作放在案头。尔后，每隔一段时间，每每碰到新问题，就重新温故。令人惊奇的是，随着阅历的增长、知识的丰富，每次重温的时候，竟然会生出许多不同以往的想法和体会。仿佛这是一座挖不尽的宝藏，让人久久回味，有幸得以伴随终生。一本著作一旦诞生，就独立于作者、独立于时代而专属于每个读者，不同地理区域、不同文化背景、不同时代的人都能够从中得到启发、得到教育。这样的书是永恒的、跨越时空的。我想，德鲁克先生的著作就是如此。

特此作序，与大家共勉！

南京大学人文社会科学资深教授、商学院名誉院长

博士生导师

2018 年 10 月于南京大学商学院安中大楼

彼得·德鲁克与伊藤雅俊管理学院是因循彼得·德鲁克和伊藤雅俊命名的。德鲁克生前担任玛丽·兰金·克拉克社会科学与管理学教席教授长达三十余载，而伊藤雅俊则受到日本商业人士和企业家的高度评价。

彼得·德鲁克被称为"现代管理学之父"，他的作品涵盖了39本著作和无数篇文章。在德鲁克学院，我们将他的著述加以浓缩，称之为"德鲁克学说"，以撷取德鲁克著述在五个关键方面的精华。

我们用以下框架来呈现德鲁克著述的现实意义，并呈现他的管理理论对当今社会的深远影响。

这五个关键方面主要体现在以下几个方面：

（1）**对功能社会重要性的信念**。一个功能社会需要各种可持续性的组织贯穿于所有部门，这些组织皆由品行端正和有责任感的经理人来运营，他们很在意自己为社会带来的影响以及所做的贡献。德鲁克有两本书堪称他在功能社会研究领域的奠基之作。第一本书是《经济人的末日》（1939 年），"审视了法西斯主义的精神和社会根源"。然后，在接下来出版的《工业人的未来》（1942 年）一书中，德鲁克阐述了自己对第二次世界大战后社会的展望。后来，因为对健康组织对功能社会的重要作用兴趣盎然，他的主要关注点转到了商业。

（2）**对人的关注**。德鲁克笃信管理是一门博雅艺术，即建立一种情境，使博雅艺术在其中得以践行。这种哲学的宗旨是：管理是一项人的活动。德鲁克笃信人的潜质和能力，而且认为卓有成效的管理者是通过人来做成事情的，因为工作会给人带来社会地位和归属感。德鲁克提醒经理人，他们的职责可不只是给大家发一份薪水那么简单。

对于如何看待客户，德鲁克也采取"以人为本"的思想。他有一句话人人知晓，即客户决定了你的生意是什么、这门生意出品什么以及这门生意日后能否繁荣，因为客户只会为他们认为有价值的东西买单。理解客户的现实以及客户崇尚的价值是"市场营销的全部所在"。

（3）**对绩效的关注**。经理人有责任使一个组织健康运营并且持续下去。考量经理人的凭据是成果，因此他们要为那些成果负责。德鲁克同样认为，成果负责制要渗透到组织的每一个层面，务求淋漓尽致。

制衡的问题在德鲁克有关绩效的论述中也有所反映。他深谙若想提高人的生产力，就必须让工作给他们带来社会地位和意义。同样，德鲁克还论述了在延续性和变化二者间保持平衡的必要性，他强调面向未来并且看到"一个已经发生的未来"是经理人无法回避的职责。经理人必须能够探寻复杂、模糊的问题，预测并迎接变化乃至更新所带来的挑战，要能看到事情目前的样貌以及可能呈现的样貌。

（4）**对自我管理的关注**。一个有责任心的工作者应该能驱动他自己，能设立较高的绩效标准，并且能控制、衡量并指导自己的绩效。但是首先，卓有成效的管理者必须能自如地掌控他们自己的想法、情绪和行动。换言之，内在意愿在先，外在成效在后。

（5）**基于实践的、跨学科的、终身的学习观念**。德鲁克崇尚终身学习，因为他相信经理人必须要与变化保持同步。但德鲁克曾经也有一句名言："不要告诉我你跟我有过一次精彩的会面，告诉我你下周一打算有哪些不同。"这句话的意思正如我们理解的，我们必须关注"周一早上的不同"。

这些就是"德鲁克学说"的五个支柱。如果你放眼当今各个商业领域，就会发现这五个支柱恰好代表了五个关键方面，它们始终贯穿交织在许多公司使命宣言传达的讯息中。我们有谁没听说过高管宣称要回馈他们的社区，要欣然采纳以人为本的管理方法和跨界协同呢？

彼得·德鲁克的远见卓识在于他将管理视为一门博雅艺术。他的理论鼓励经理人去应用"博雅艺术的智慧和操守课程来解答日常在工作、学校和社会中遇到的问题"。也就是说，经理人的目光要穿越学科边界来解决这世上最棘手的一些问题，并且坚持不懈地问自己："你下周一打算有哪些不同？"

彼得·德鲁克的影响不限于管理实践，还有管理教育。在德鲁克学院，我们用"德鲁克学说"的五个支柱来指导课程大纲设计，也就是说，我们按照从如何进行自我管理到组织如何介入社会这个次序来给学生开设课程。

德鲁克学院一直十分重视自己的毕业生在管理实践中发挥的作用。其实，我们的使命宣言就是：

> 通过培养改变世界的全球领导者，来提升世界各地的管理实践。

有意思的是，世界各地的管理教育机构也很重视它们的学生在实践中的表现。事实上，这已经成为国际精英商学院协会（AACSB）认证的主要标志之一。国际精英商学院协会"始终致力于增进商界、学者、机构以及学生之间的交融，从而使商业教育能够与商业实践的需求步调一致"。

最后我想谈谈德鲁克和管理教育，我的观点来自 2001 年 11 月 *BizEd* 杂志第 1 期对彼得·德鲁克所做的一次访谈，这本杂志由商学院协会出版，受众是商学院。在访谈中，德鲁克被问道：在诸多事项中，有哪三门课最重要，是当今商学院应该教给明日之管理者的？

德鲁克答道：

> 第一课，他们必须学会对自己负责。太多的人仍在指望人事部门来照顾他们，他们不知道自己的优势，不知道自己的归属何在，他们对自己毫不负责。
>
> 第二课也是最重要的，要向上看，而不是向下看。焦点仍然放在对下属的管理上，但应开始关注如何成为一名管理者。管理你的上司比管理下属更重要。所以你要问："我应该为组

织贡献什么？"

最后一课是必须修习基本的素养。是的，你想让会计做好会计的事，但你也想让她了解组织的其他功能何在。这就是我说的组织的基本素养。这类素养不是学一些相关课程就行了，而是与实践经验有关。

凭我一己之见，德鲁克在 2001 年给出的这则忠告，放在今日仍然适用。卓有成效的管理者需要修习自我管理，需要向上管理，也需要了解一个组织的功能如何与整个组织契合。

彼得·德鲁克对管理实践的影响深刻而巨大。他涉猎广泛，他的一些早期著述，如《管理的实践》（1954 年）、《卓有成效的管理者》（1966 年）以及《创新与企业家精神》（1985 年），都是我时不时会翻阅研读的书籍，每当我作为一个商界领导者被诸多问题困扰时，我都会从这些书中寻求答案。

珍妮·达罗克

彼得·德鲁克与伊藤雅俊管理学院院长

亨利·黄市场营销和创新教授

美国加州克莱蒙特市

《养老金革命》（*The Pension Fund Revolution*）于 1976 年初版，当时取名《看不见的革命》（*The Unseen Revolution*）。在笔者已出版的书中，还没有一本书像《养老金革命》这样目标明确，也没有一本书像它那样完全被人忽略。本书只是讲述了一些既成事实，但这些事实根本就不被当时的美国社会所接受。书中指出机构投资者（尤其是养老金）已经成为美国许多大公司的控股股东，甚至是美国唯一的"资本家"。这一变化始于 25 年前，也就是说，它是在通用汽车公司于 1952 年设立第一个现代养老金时发生的。到了 1960 年，它已经广为人知，当时，笔者在纽约大学研究生院任教，一群参加由笔者主持的研究生创新和创业研讨班的青年学生，在研讨班讨论主题的影响下创立了一家专门为这些新投资者服务的证券交易公司。10 年以后（1970 年），这家公司——帝杰证券公司（Donaldson, Lufkin & Jenrette），已经成了最成功的公司，也是华尔街规模最大的公司之一。尽管如此，传统的观念坚持认为，美国已经成为并且可能仍将是一个说不清有几百万个人股东拥有美国"生产资料"的"平民资本主义"（people's capitalism）国家。虽然所有相关证据都证明，所有权已经高度集中在大机构手里，并且通过养老金这种"生产资料的所有权"在没有实行"国有化"的前提下实现了"社会化"，但是，这些事实根本就没有人能够接受。事实上，就连那些越来越注重与养老金投资者打交道的华尔街金融从业人员都在发声讽刺笔者的这本书。

对于本书的第二个主题，即美国的人口老龄化问题，能够接受的人甚至更少。到了 1976 年，美国的人口老龄化问题同样也变成了一个既成事实——当然，"婴儿潮"始于 1961 年，要比人口老龄化问题早整整 15 年。甚至在比"婴儿潮"出现年份更早的 20 世纪 50 年代中期，美国人的平均寿命已经远远超过了传统的退休年龄。但是，在 1976 年的时候，每个人仍然信奉"青年文化"，并且认为"30 岁以上的人不可信任"，美国社会还将长期（甚至是永远）由青少年和年轻成年人以及他们的价值观、他们关心的问题和他们的"真诚"来主导。因此，本书的结论——老年人赡养问题将成为一个主要的问题；长寿将带来的主要问题是医疗保健问题；养老金和社会保障将成为美国经济和社会的核心问题；退休年龄还将推迟。总之，美国的政策将可能日益由中产阶级问题和老年人的价值观来主导——在那个时候当然是不可能有人听信的。

因此，本书初版时只有一个人对它做出了积极的评价，他就是杰出的经济学家和社会学家肯尼斯·鲍尔丁（Kenneth Boulding）。他在《美国银行家》杂志上撰文把笔者说成"美国社会一流的思想家"。所有其他有关《养老金革命》的评论（而且为数也不多）则把这本书说得一无是处。

在初版15年以后，由于一本教科书中托马斯·库恩（Thomas Kuhn）"范式转换"案例的出现，《养老金革命》被"重新发现"。到了20世纪80年代末，本书突然火了起来，一篇接着一篇的评论文章（尤其是法律评论方面的文章）所涉及的问题最先都是由本书提出的，现在它被奉为"经典"。因此，这次Transaction Publishers公司再版拙作，可以说是恰逢其时，笔者要在这里感谢它。

《养老金革命》仅仅是提出了问题，但没有给出解决问题的方法，就连对于书中提出的核心问题——养老金所有权对美国公司治理和美国经济总体结构的影响，也没有给出最起码的解决方案。直到15年以后，我们才开始去寻找解决问题的方案。在这之前，我们经历了两个年代的金融和经济动荡、恶意接管和杠杆收购以及（15年前，一家家都被认为像金字塔那样坚不可摧的）企业的重组，其中的大部分接管、收购和重组都是由生产资料所有权向养老金的转移引发的。笔者在Transaction Publishers再版的所有书籍，除了增加一个新的再版序言外，书中的内容都没有做任何改动。本书的再版同样对原书的内容没做任何改动，只是在书后加了一篇在1991年发表的文章"公司治理"作为后记。因为，这篇文章试图探讨我们应该何去何从的问题，或者确切地说试图探讨我们已经正在朝着哪个方向迈进的问题。随着管理、权力和控制结构的巨大改变，美国经济也发生了翻天覆地的变化。

没人注意到的革命

养老基金社会化的实现

今天，美国企业的雇员通过他们的养老基金至少拥有了美国企业 25% 的股权。凭借这个比例，美国雇员的养老基金足以控制美国的企业，而自我雇用者、公务员、教师的养老基金至少持有美国企业另外 10% 的股权。因此，美国的劳动者已经持有美国企业 1/3 以上的股权。在未来的 10 年里，养老基金必然会增加对美国企业股权的持有，到 1985 年（有可能更早），它们——即便不能持有美国企业 60% 的股权，也将至少拥有美国企业 50% 的股权。再过 10 年，或者在世纪之交以前，美国养老基金的股权持有额应该会超过美国企业 2/3 的股权（普通股），再加上一大部分（或许是 40%）美国经济中的借贷资本（政府债券、企业债券和票据），而通货膨胀只会加快这个过程。

更重要的是，美国最大的一些雇员养老基金，也就是美国 1000～1300 家最大公司的养老基金，再加上 35 个行业性养老基金（如高校教师养老基金和卡车司机养老基金），实际上已经掌握了美国 1000 家最大工业企业中每一个企业的控制权。○这其中包括销售额远低于 1 亿美元的企业，用今天的标准来衡量，这样的企业虽然不能算小，但充其量也只能属于中等规模。美国的养老基金还控制了 50 家最大的分别属于银行、保险、零售、通信和运输业等"非工业集团"的企业。○这就是人们常说的在经济中居于"支配地位"的企业，谁控制了它们，谁就能支配其他企业。

实际上，除了农业以外，现在美国劳动者（通过他们的投资代理机构，即养老基金）所有的美国经济的部分要大于智利前总统阿连德（Allende）把智利置于政府所有制下的智利经济，也大于卡斯特罗实际收归国有的古巴经济或者匈牙利或波兰在斯大林主义鼎盛时期收归国有的匈牙利或波兰经济。

美国的雇员已经成为唯一真正的生产资料"所有者"。通过持有养老基金，他们已经成了唯一名副其实的拥有、控制和管理美国"投资基金"的"资本家"。"生产资料"，即美国经济（农业依然是唯一的重

○ 也就是说，它们至少拥有 1/3 的控制权。

○ 仅有的例外是一些如田纳西流域管理局（TVA）这样的政府所有的企业、"新奇士橙"这样的归农民所有的生产合作社、保诚保险公司和其他大多数非常大的人寿保险公司这样的保单持有人所有的"互助保险公司"以及一些仍由创始人或他们的后代全资拥有或控制的数量正在减少的小企业。

要例外）是在为美国雇员的利益营运，越来越多的利润变成了退休养老金，即雇员的"递延薪酬"。在这里，没有任何"剩余价值"可言，企业的收入变成了"工资基金"。

有些国家也已经在朝着同样的方向发展。日本大企业的最大负担就是雇员的就业和收入保障，而这在日本经济结构中的反映就是所谓的"终身雇用制"。如果企业除倒闭外不能辞退雇员，那么，保证雇员就业和收入必然是对企业管理层的最大要求。就业保障，而不是利润，已经成为企业的经营目标和管理绩效的考核指标。但是，日本经营管理体系仍没有出现任何"雇员所有制"的迹象，更不用说由雇员或者他们的托管人拥有和控制全国性"投资基金"了。[⊖]

南斯拉夫[⊖]可以说是位于现代经济谱系的另一端。在南斯拉夫，工人或者他们的代表控制着他们受雇的企业，他们不但有权选举企业管理人员，参加监事会监督企业的管理工作，而且还有权罢免个别管理人员（尽管不能罢免整个管理层、废除管理职能甚或管理职位）。不过，南斯拉夫工人在资本结构、供给或者配置方面没有任何发言权。与日本工人不同，南斯拉夫工人对生产资料拥有管理权，但没有控制权，生产资料也不是为了他们的利益而运作的。如果企业经营良好，工人就有奖金；如果企业经营不佳，工人就会丢掉工作，而且也没有养老金保障，因为企业没有拿出过去的部分收入为工人缴纳养老保险金。

⊖　关于这个主题，请参阅"Economic Realities and Enterprise Strategy," in *Modern Japanese Organization and Decision-Making*, edited by Ezra F. Vogel (Berkeley: University of California Press, 1975).

⊖　已于 1992 年解体。

只有美国的雇员同时能以作为工资收入一部分的养老金的形式占有并分享利润，只有美国的雇员通过他们的养老基金同时成为合法的资本所有者、提供者和资本市场的控制力量。

用 19 世纪政治经济学的术语来说，日本实行的是"财阀资本主义"，资本配置的终极决策由私人所有、独立经营的银行负责。但这是一种受到严格的员工就业和收入保障约束的财阀资本主义。从经济结构的角度看，只有美国，"劳动"作为"一切价值的来源"占有了"生产过程的全部成果"。

换言之，在没有进行有意识努力的情况下，美国实现了经济的"社会化"，而不是"国有化"。

这既不是通过民主选举也不是通过阶级斗争，更不是通过革命的暴力行动；既不是剥夺剥夺者的结果，也不是"资本主义内在矛盾"导致的危机来实现的。事实上，这是依靠比起以上所有这些因素来最不具革命性的因素——美国最大制造企业通用汽车公司的首席执行官，才得以在美国扎下根来。26 年前，确切地说就是 1950 年 4 月，时任通用汽车公司总裁的查尔斯·威尔逊（Charles Wilson）向美国汽车工人联合工会建议为通用汽车公司的工人设立一个养老基金。尽管当时养老金已经成为美国工会运动的一个优先要求，但是，对于这个建议，美国汽车工人联合工会起初并不热心。工会领导人明白，威尔逊提出这个建议的目的是为私营企业建立养老金制度。在那些年里，美国汽车工人联合工会与美国的大多数工会一样，全身心地争取政府提供社会保障，而威尔逊的建议没有赋予工会管理通用汽车公司养老基金的任何职责。相反，这种养老基金将由通用汽车公司自己负责，并且将委托专业"资产经理"来运作。

工会有充分的理由（就像后来发生的事情所证明的那样）担心，养老基金会强化企业管理层的作用，并且导致工会会员更加依附于企业管理层。威尔逊的重大创新就是一种投资于"美国经济"（换句话说，投资于美国自由企业系统）的养老基金。虽然工会领导人明白此举的经济意义，但直到那时，他们仍然固执地偏爱投资于政府证券（公共部门）的养老基金。工会领导人非常担心一种由企业出资并管理的私人养老金计划（与工会协商并达成的集体谈判协议）会挑起工会会员内部年长会员和年轻会员之间的冲突，因为年长的工会会员希望退休后能领到尽可能多的养老金，而年轻的会员则对每周能拿到手的现金更感兴趣。最重要的是，工会领导人明白，威尔逊提出这个建议的一个主要动机就是想通过明晰工人利益与企业利润和成就之间的关系来削弱工会的战斗力。（美国汽车工人联合工会通用汽车公司分会的一个工会积极分子当时非常严肃地指出，工会应该以不当劳动手段的罪名控告威尔逊，因为他提出的养老金方案除了破坏工会外没有任何其他目的。）然而，威尔逊的建议实在是太有诱惑，特别是对于美国汽车工人联合工会内部人数日益增多的年长工人来说诱惑力更大。最终，通用汽车公司的养老基金于1950 年 10 月正式开始投入运行。

美国工业企业雇员养老基金的历史至少可以追溯到美国南北战争时期。到了 1950 年，美国大概已经有 2000 只工业企业养老基金在运行，贝尔电话系统公司的养老基金就是其中的一只。当时，贝尔公司养老基金规模已经很大，而且现在仍大于任何其他企业以及大多数政府单位的养老基金。因此，雇员养老金计划在当时并不是什么新鲜事儿，把养老金计划纳入劳动合同的想法也并没有什么特别令人意外的地方。实际上，就在威尔逊宣布其养老金计划方案前几个月，美国联邦最高法院就一起涉及英兰德钢铁公司的诉讼案做出裁定：雇主必须就养老金问题与企业工会协商；而在更早以前，美国国税局就决定把企业的雇员养老金计划缴费作为可依法从应税收入中扣除的费用来处理。

威尔逊提出养老金计划方案的时间受到了以上事件的影响。不过，威尔逊酝酿这个方案已有很长时间，只是在等待有利的提出时机，以便使通用汽车公司管理层的同人们愿意支持这样一种"异端"想法。其实，他是在1944年春天第二次世界大战快结束时的一次谈话中，第一次与我谈起过他认为工人应该有一个由企业出资的养老金计划的坚定信念。即使在那时，显然他已经花了大量的时间和心思来考虑这个问题，并且希望知道我对他已经过深思熟虑的多个备选方案的看法。很可能第二次世界大战刚结束不久，在他向工会提出自己的建议前四五年，他已经想好了养老金计划的最终方案。

由于威尔逊的建议本身具有创新性，再加上提出建议的时间又选择得当，结果，通用汽车公司的养老金计划产生了绝对空前的影响。在该计划全面启动后的一年里，就有8000份新的养老金计划问世——相当于此前100年里出现的养老金计划的4倍。每一份新的养老金计划都复制了通用汽车公司的一项重大创新。后来，这项创新还被大多数已有的企业养老金计划所采纳。通用汽车公司的这项创新就是把养老基金作为一种"投资信托"，即在资本市场尤其是股票市场上进行投资。实际上，所有早于通用汽车公司计划的养老金计划都是一些"年金计划"，投资于一般人寿保险投资产品，如政府债券、抵押贷款和其他固定收益投资工具。例如，贝尔电话系统公司的养老基金，几十年来一直单一地投资于美国政府债券赚取最低水平的利息。

由于多种原因，威尔逊没有选择贝尔公司那样的养老金计划。他认为，这种计划把由很多工人参加的养老金制度单一建立在债务关系的基础上，从财务的角度看是不安全的，实际上也是不可行的。他还认为，这种做法不是把难以承受的债务负担整个压在国家及其工业身上，就是迫使利率下跌，从而迫使工人大幅度降低养老金预期。一个基础广泛的养老金计划必须"投资于美国"——投资于美国的生产性资产以及它的生产能力和增长性。

不过，威尔逊最终也否定了那种备受推崇的年金计划替代方案：一种把雇员养老基金投资于他们供职的企业的计划。威尔逊真想创建一种美国企业雇员所有制，但在威尔逊看来，传统的养老金计划（顺便说一下，备受通用汽车公司高管威尔逊的同人们青睐）从财务的角度看并不安全，而且既不能满足工人的需要又不符合他们的利益。威尔逊认为，"养老基金拿自己的全部资产去购买雇主的股份，就等于把工人的全部鸡蛋放在一个篮子里"。那些拥有鸡蛋越少的人就越应该谨慎对待自己的鸡蛋。把雇员的主要积蓄投资于雇用他们的企业，这也许是一种"工业民主"，但也是一种财务上的不负责任。雇员已经以自己的工作在雇用他们的企业身上下了很大的赌注，取得了当下的经济现状，再把自己的经济未来——养老金索取权，放在同一个"篮子"里的做法有悖于一切稳妥投资的原则。

此外，这种做法从财务上看有欺诈之嫌，在关心雇员的幌子下拿他们的工资（因为养老金就是一种"递延工资"）来为"老板"（雇用他们的企业）集资。虽然这就如同"工业民主"一样是一种骗人的幌子，但对于雇用企业来说，实际上就是一种补贴。无论经营绩效如何平庸，企业都有一种储备资本池供它为自己作保（例如，在威尔逊提出养老金计划建议后25年，也就是1975年，纽约市政府公务员养老基金被用来救助他们的雇主——纽约市政府及其既不称职又不负责任的管理层）。更重要的是，就如威尔逊所指出的那样，拿雇员的养老金投资于雇用他们的企业的做法，也许只能确保很少的雇员将来能领到养老金。在30年或者40年（构建一个像样的养老基金所需的时间）里，绝大多数现有企业和产业会走下坡路；事实上，40年以后，无论大企业还是小企业，有一半以上会销声匿迹。威尔逊曾感叹地设问：在"工业民主"下，无烟煤矿企业如今都在哪里？就近在1925年，它们还是美国工业最赚钱的企业，但仅仅过了15年就踪影全无了。

在美国，尤其是1950年前后，任何提出这样问题的人很快就会被告知去看看西尔斯公司的利润分享型养老基金。西尔斯公司的利润分享型养老基金自1916年启动以来，几乎把全部的资金都投在了西尔斯公司的股票上，并且做得非常成功，以至于长期在西尔斯供职的普通员工，如一般店员，等在四五十岁的年龄上退休时就变成了富人。对这样的说法，威尔逊早有准备：有资料显示，虽然美国1916年经营良好的其他大百货公司的雇主当时也采取了与西尔斯公司相同的养老金计划，但是，它们的雇员退休后又获得了怎样的待遇呢？美国 1916 年的主要百货公司到了 1950 年（也就是 35 年以后）有一半以上已经不复存在——其中有好几家甚至在大萧条以前就已经消失。而那些幸存下来的百货公司，如蒙哥马利 – 沃德公司、彭尼公司或者大西洋与太平洋公司，一般也都仅仅取得了十分平庸的经营业绩。因此，那些未来养老金要指望投资于这些公司的养老基金的雇员，到 1950 年退休时只能领到很少的养老金，甚或根本就无养老金可领。如果福特汽车公司在其迅速崛起的第一次世界大战前的那些年里采纳利润分享型养老金计划，并且把养老基金投在自己的股票上，就像亨利·福特在 1913～1914 年（年轻人劝说其把最低日薪增加 2 倍，即提高到 5 美元前）曾经想做的那样，那么很可能会出现相同的结局：福特公司第一批员工退休时只能领到少得可怜的养老金。20 世纪 20 年代中期，虽然汽车市场开始繁荣，但福特汽车公司不再盈利，陷入了快速衰退的困境，而且过了 20 年直到第二次世界大战结束后才缓过气来。再说，我们也无法肯定，现在（也就是 20 世纪 70 年代中期）开始为西尔斯公司工作的员工，到退休时就能享受到与他们 50 年前加盟西尔斯的前辈差不多的养老金待遇。

因此，威尔逊否定了把员工的命运与企业的命运捆绑在一起的养老金计划，这样的养老金计划虽然把员工变成了企业的"所有人"，但也意味着他们不能指望靠养老金来养老，实际上，有一半人将享受不到养老金。这种养老金计划根本不是"雇员福利计划"，而是"雇主或者管理层福利计划"。同样，威尔逊也否定了被认为根本无法实行的"年金计划"。养老金索取权是一种主张未来收入的权利，但如果人人都参与同一养老金计划——一种完全被威尔逊预期到的结果，那么，沉重的固定负债负担就会使人们不堪重负。养老金计划必须建立在生产性资源的所有权而不是它们的债权之上；此外，生产性资源的所有权应该植根于美国的生产能力，而不是某家特定企业的生产能力，并且必须要像"投资"那样由专业人士来进行灵活的管理。这样，养老金计划才可能把自己的资金撤出某个前景不佳的企业或者产业，并且把它们投向收益和资本增值前景最佳的企业或者产业。无论威尔逊当初是否意识到，但他的最后选择把美国带入了"养老基金社会主义"。

不管怎样，威尔逊取得了成功，他提出的 4 条养老基金投资基本准则最终也被收入美国 1974 年的养老金改革法案。⊖这 4 条基本准则是：①把企业的养老基金作为"投资基金"来进行专业、独立的管理；②必须最低限度地投资于或者干脆就不得投资于雇员供职的企业；③投资于任何企业的养老基金不得超过该企业股本的 5%；④对任何一家公司的投资不得超过养老基金自身资产的 10%。

术语注释 | 在讨论养老金和养老基金时，常常会用到以下 5 个术语。

（1）养老金保留权利（vesting）

养老金保留权利是指参加养老金计划的员工，按惯例在若干年后（《雇员退休收入保障法案》规定私人养老金计划最多 10 年），到退休年

⊖ 该法案的全称是《雇员退休收入保障法案》（Employees Retirement Security Act, ERISA），一项像它的名字一样很难操作的法案。

龄时（譬如说 65 岁，或者有些养老金计划规定是 60 岁）获得的应付养老金的"既得利益"。一般来说，员工在退休前不能提取这笔资金，不能用这种保留权做抵押借钱或者转让或出售这种权利。但是，如果员工到了退休年龄，即便已经离职、被解雇或者由于任何其他原因而已经停止缴费，也肯定能够领到养老金。"养老金保留权利"就相当于普通人寿保险中的"已缴保费"保单。

（2）养老金准备设置（funding）

养老金准备设置是指根据对养老金计划参加者平均寿命、利率和未来养老金水平的精算假设，经过精算设置的充足的准备金。用保险业的行话来说，就是设置"保单责任准备金"。

（3）既往服务年限养老金补缴责任（past-service liabilities）

既往服务年限养老金补缴责任是指：对于那些在实行养老金计划前已经在企业工作的雇员以及那些之前虽然从来没有为自己缴过养老金但根据大多数协议仍有资格享受全额养老金的雇员，雇主有义务为这些雇员将来能领取养老金而补缴养老金。养老金福利的每次增加（譬如说，由于工资上涨）都会让雇主承担新的"既往服务年限补缴责任"。根据《雇员退休收入保障法案》，雇主有责任给已经为其工作的雇员缴纳一定年限的养老准备金。

（4）死亡抚恤金（death benefits）

死亡抚恤金是指根据很多（但绝非全部）私人养老金计划协议，如果参加养老金计划的雇员在开始领取养老金前死亡，养老金计划应该向其继承人支付规定数额的福利金。

（5）保证支付期限（guaranteed payment period）

保证支付期限是指（无论养老金领取者是否健在）养老金计划协议规定的养老金支付年限，如10年、15年或者20年（十分罕见）。顺便说一下，很多养老金计划并不规定保证支付期限。

美国《雇员退休收入保障法案》对"养老金保留权利""养老金准备设置"和"既往服务年限养老金补缴责任"3项做了强制性规定，要求所有的私人养老基金严格执行。

到目前为止，美国共有50 000份左右的养老金计划在运行。无论它们（像通用汽车公司那样）由公司自己的全职专业人员管理，还是主要由大银行信托部的职业"资产经理人"或者保险公司管理，美国的养老金计划实际上都是"投资基金"。截至1974年年底，美国1000家左右最大公司的养老基金大约拥有1150亿美元的资产，主要由工会管理的行业性大型养老基金大约拥有350亿美元的资产，非企业（联邦政府公务员除外）养老基金约拥有500亿美元的资产。此外，还有自我雇用者养老基金（所谓的"基奥"计划）以及刚实行不久的无养老金计划公司雇员的个人退休金账户（IRA）。

这些养老金计划大约有70%的资产投资于股票，即美国上市公司的股份。截至1974年年底，美国养老基金至少拥有价值1400亿～1500亿美元的上市公司股票，而当时美国股票市场上市公司的交易市值大概是5000亿美元，或者说，美国养老基金大约拥有相当于美国上市公司总市值30%的股票。"基奥"计划和个人退休金账户两者一起另外持有

5% 左右的美国上市公司股票。扣除支出以后，美国养老基金每年大约有 200 亿美元的收入，这就意味着，每年美国养老基金有 200 亿美元的新增投资。相比之下，社会保险虽然总的吸纳和支出规模要大得多，但如今却是在赤字运营。

　　未来几年，报纸可能会报道很多养老金"夭折"的消息。不过，这也许是一种给人错觉的假象。事实上，无论养老金计划的数量还是参加养老金计划的人数都将会大幅度增加。的确，很多小企业的养老金计划有可能会"夭折"——部分是因为 1974 年的《养老金改革法案》对于这些小企业养老金计划来说要求太高，但更多是因为该法案给予小企业雇员更多、更优惠的选择，通过设立个人退休金账户，他们能以较低的成本和较多的税收优惠建立自己的退休金计划。因此，小企业养老金计划看似遭遇了失败，但更可能是意味着朝着一种税收待遇更好的不同计划（个人退休金账户）的转向。更何况，小企业养老金计划虽然为数众多，但只覆盖很小一部分雇员。

　　单独设立养老金计划（所谓的"基奥"计划）的自我雇用者人数已经呈爆炸式增长。1974 年的《养老金改革法案》使得这种养老金计划特别有吸引力。从法律上看，这些计划都是个人账户，但总的来说，它们的资产就像大公司养老金计划的资产那样被管理和投资。⊖最重要的是，大型养老基金的成长将远远快于小型养老金计划参加人数和资产可能遭

　　⊖　企业养老金计划与"基奥"计划基金之间的区别就类似于团体人寿保险与个人人寿保险之间的区别。同一家保险公司会同时销售团体寿险保单和个人寿险保单。这两种保单的合同条款不同，但两者的保费准备金采用完全相同的方式投资和管理。

遇的减少。1974年的《养老金改革法案》单独规定，实行养老金计划的私营雇主在雇用员工相对较短的一个时期后，必须基本上要把全体员工纳入养老金计划的覆盖范围。因此，某些企业，特别是中型企业，即使在低就业时期，参加养老金计划的雇员人数也会大幅度增加，有时会猛然增加40%～50%。

《养老金改革法案》还进一步规定，非政府私人养老基金在成立若干年后必须达到严格的保险精算标准。对于大多数企业来说，这一规定意味着它们的养老金计划至少有5～10年的缴费激增期。在20世纪60年代和70年代初，养老基金缴费约占企业税前收益的20%，到70年代末和80年代初估计要占到企业税前收益的40%，才能履行保险精算标准规定的义务，特别是为在设立养老金计划前已经登记在册的员工履行"未设置养老金准备的既往服务年限"补缴养老金的义务。同时，通货膨胀已经在推高工资，并且随之推高养老金福利，从而要求雇主支付更多的养老基金缴费。养老金通常是根据退休员工最后几年的工资收入来计算的。因此，即使是那些能够完全实现保险精算平衡的养老基金，也会因为通货膨胀而陷入保险精算赤字的境地。雇主必须相应多付养老金缴费。所以，即使经济绩效平平，占私人养老基金参加者总人数9/10（而且占私人养老基金资产总额的比例很可能更大）的大型私人养老基金也必然会以很快的速度发展。

在未来的10年（到20世纪80年代中期）里，美国养老基金的参加人数、总资产和控股权必然会以比以往任何时候**更快的**速度增长，虽然，它们自1950年启动后已经开始了令人不可思议的增长。这样的增长速度令人难以想象：在过去的 25 年里，养老基金参加人数每 7 年翻一番，而养老基金的资产更是每 5 年翻一番。然而，从现在到 20 世纪 80 年代中期，这样的增速可能是我们可预期的最低的增长速度。

这样的发展首先意味着参加私人养老金计划（社会保障体系以外的计划）的人数一定以比劳动力更快的速度增长。1973 年，也就是《养老金改革法案》颁布前一年，美国大约有 3000 万非政府雇员、200 万～500 万的自我雇用者以及几乎全体政府公务员（大约有 1500 万人）参加了养老金计划，也就是说，在美国全部 8500 万～9000 万劳动者中，有 5000 万人参加了养老金计划。估计到 1985 年，美国的就业人口不会超过 9500 万（按法定"充分就业"的定义，约占美国劳动人口的 96%），参加养老金计划的人数至少要增加到 6500 万，甚至有可能增加到 7000 万。美国 2/3 以上的被雇用或者自我雇用劳动人口除了参加社会保险外，同时还参加养老金计划。因此，养老金计划的覆盖面几乎比人寿保险更加广泛，并且像今天由各种支付机制（蓝十字保险计划、蓝盾保险计划、私人医疗保险、联邦医疗保险、联邦医疗补助计划、现役军人医疗保险计划、退伍军人医疗保险计划等）覆盖的医疗费用保险那样普遍。

在过去的 25 年里，养老基金的资产每 5 年就翻一番。它们的资产至少还要以这样的速度（如果通货膨胀持续的话，那么就会以更快的速度）一直增长到 20 世纪 80 年代中期。尽管资产的增长速度在 1985 年以后应该会急剧下降，但是，美国的养老基金在 20 世纪 90 年代以前不会达到年收入大致等于年支出这样的平衡。不过，从现在（1976 年）到 1985

年，单单私人养老基金的资产将至少达到 3000 亿美元的规模。[⊖]按照养老基金 70% 的资产投资于美国上市公司股票这个历史比例计算，到 1985 年，美国企业的雇员养老基金就将拥有 50% 的美国企业股权；自我雇用者的养老基金和个人退休金账户到时候可能会拥有另外 10% 的美国企业股权，甚至拥有 15% 也不是完全没有可能；而政府公务员养老基金也许会拥有另外 5%～10% 的美国企业股权。这样，在未来的 10 年或者 15 年里，美国企业至少有 50%，也很可能是 65%～70% 的股权将由美国养老基金持有。换句话说，美国养老基金到时候将"拥有"美国除农业和政府部门外的全部其他经济部门，并且还将成为农业和政府部门的一个主要融资来源。

确实，经济波动也许会改变美国养老基金发展的时间表。由于经济不景气时期，就业（和养老金缴费）的减少往往要大大慢于股价下跌，因此，真正的经济长期不景气有可能实际加快美国养老基金发展的时间进程。事实上，只有在两位数通货膨胀一直持续 10 年的情况下才可能严重影响美国养老基金的发展势头。虽然通货膨胀可能会侵蚀甚至严重减损养老金领取者的养老金价值，但不会对美国养老基金的参加人数、资产积累和控股地位产生任何重大影响。

未竟的养老基金事业

关于未来 10 年，还有一点可以预见，那就是在未来的 10 年里，我

⊖ 按照 1976 年的美元价值计。

们必须解决美国所面临的迄今还没有解决的养老基金问题：工会控制的"行业"养老基金以及美国各州、县、城市和其他地方政府养老基金的问题。

20 世纪 70 年代初，美国国会在讨论养老金改革问题时列数了有关养老金被滥用的种种现象，但国会最后通过作为制止这些被"滥用"的手段而被广为宣扬的《养老金改革法案》，也只是把美国一些主要大公司在养老基金参加者权利、投资政策和基金管理机构的责任等方面的实践编成了法律条文，然后用繁文缛节的官方文章大加赞美。《养老金改革法案》做出了两个方面的重要规定：一是养老基金参加者最多在被雇用 10 年后就能享受"养老金保留权利"；二是为将来享受养老金索取权缴纳准备金。实际上，这两点就是美国大公司养老金计划所采用的惯常做法。因此，对于大约 4/5 的公司养老金计划参加者来说，美国国会通过的《养老金改革法案》与它们以前的做法并没有多大的实际区别。

这个法案的唯一创新之处，就是很多养老基金经理早已提出的一个建议：[⊖]对因企业可能的破产或者歇业带来的养老基金失败的风险，进行强制性政府再保险。实际上，美国国会就是要向小企业表示："大公司的养老金计划运行良好，你们的养老金计划必须达到大公司发展起来的标准。"

养老基金确定还有未竟的事业，但这与美国国会在 1974 年的法案中所关注的私人养老金计划没有关系，而是与另外两种养老基金，即工会控制（或者运作）的养老基金以及各州、县和地方政府的养老基金有

⊖　早在 1950 年，笔者当初也提出过这个建议，但当时没有引起特别的注意。

关。这两种养老基金的参加人数要占到非社会保险养老金计划覆盖雇员的 1/3（约占 5000 万参加养老金计划总人数的 17%）。这两类养老基金目前陷入了深度混乱，并且都亟待改革。

工会控制的养老基金⊖通常始建于 20 世纪 20 年代或者 30 年代，因此比企业养老基金创建得早，如铁路职工退休管理委员会创建于"一战"期间。这些养老基金通常是"行业性"基金，也就是说，这些基金的参加者都从事同一种职业（如高校教师）或同一种行业（如建筑工人或者卡车司机）。虽然他们通常在同一职业或者行业工作多年，但也常常为几个雇主工作。

行业性养老基金本身没有任何过错。事实上，它们当中的最大养老基金——教师保险与年金协会（TIAA）从 20 世纪 20 年代以来，一直在为学校教师和非营利机构其他员工提供养老保险，并且创下了令人羡慕的业绩和创新纪录。"工会控制"的行业性养老金基金往往准备金严重不足——霍法中央州卡车司机联合会这个总部设在芝加哥、拥有近 20 亿美元资产的养老基金曾经轰动一时的**诉讼案**就是一个著名的例子。⊖工会领导人不想增加其会员的养老基金缴费，这倒也可以理解，但居然声称企业应该"无偿免费"提供养老金。更加糟糕的是，在很多情况下，这类养老基金在投资方面腐败严重，有时竟然从事声名狼藉的

⊖ 笔者之所以说"工会控制"，而不说"工会运作"，是因为这类最大的养老基金中的根据《铁路职工退休法案》创建的基金，从法律上讲是美国政府的一个代理机构，尽管铁路工会从一开始就对这个基金有决定性话语权。

⊖ 关于这个养老基金会的恶劣行径的详情，请参阅 1975 年 7 月 22 日、23 日和 24 日共 3 天的《华尔街日报》。

投机交易，如投资于拉斯维加斯赌场，在周边方圆 50 英里⊖无名之地的度假村或者规划中的"游乐园"做房地产二次抵押交易，有时还与一些有长期刑事犯罪记录的臭名昭著的人物合伙做生意。但是，赚到的钱可能都装进了工会领导人或者他们朋友的腰包，或者用来向曾提供过毫无价值或价值值得怀疑的服务的工会官员和他们的家属支付过高的酬金。

从法律上讲，这类基金现在要受到 1974 年《养老金改革法案》各条款的约束。按规定，它们应该聘请独立托管人，它们的投资政策也应该严格遵守法案条文，剥离很多非常糟糕的投资项目，而且还应该披露投资和交易信息。但到目前为止，这些规定基本上仍形同虚设。在几个孤立的案例中，《养老金改革法案》的执行主管机构美国劳工部虽然坚持要求撤换有悖新法案规定、有犯罪记录的基金托管人，但在大多数情况下却以缺少经费为由为自己没有尽到监管工会控制的养老基金的责任开脱。或许，只有发生超级丑闻（如某个工会控制的养老基金因托管人欺诈、贪污而破产）才会激发铲除生长多年且已经开始糜烂发臭的毒瘤的政治意愿。在这期间，这类养老基金的参加者（特别是卡车司机，还有煤矿工人以及很多建筑工人）只能领到少得可怜的养老金。（为了对工会控制的养老基金实施企业养老基金长期采用的最低标准的）补救方法现在虽然已经入法，但仍有待落实贯彻。

第二个问题，即政府公务员（尤其是州和其他地方政府公务员）的养老基金问题更加严重。而且，这类养老基金所涉及的参加人数要多于工会控制的养老基金，总共约有 1500 万人，也就是说要占到美国劳动

⊖　1 英里＝ 1.609 344 千米。

人口的 1/6。

政府公务员养老基金不受法律约束，也没有任何机构监管，因此，很多政府公务员养老基金处于远比管理最差的工会控制的养老金计划更加糟糕的状态，甚至绝大多数政府机关都没有努力偿还养老金负债。严格按法律意义，这些政府机关的公务员养老基金已经破产。纽约市政府公务员养老基金的案例最明显。纽约市在林赛（Lindsay）主政时期积欠的养老金负债至今还没还，但市政府在整整 10 年间一直谎称"收支平衡"。这种假象不可能维持太久，就是导致 1975 年纽约市政府破产的主要原因，这个原因远比税收基础受到侵蚀、福利负担过重甚或向市政府公务员许诺养老金福利过多等因素重要。从那时起，市政府不得不为不断增加的退休人员补发多年没有提供的养老金。然而，纽约市的公务员养老基金只不过是政府公务员养老基金管理不善最醒目的例子而已。事实上，几乎没有一只政府（包括联邦政府）公务员养老基金能够在设置准备金方面做得略好一点。因此，即使政府公务员养老基金纷纷大幅减少它们许诺的养老金福利，但仍得把越来越大的一部分收入用于偿还已经积欠的养老金负债。

很多政府机关（佛罗里达州、波士顿、印第安纳波利斯和匹茨堡是其中比较大的单位）根本就没有为它们的养老金负债设置准备金。换句话说，它们根本就没有为将来的养老金支付存钱。为支付可接受的最低个人养老金所需补充的资金，意味着连续 10 年增加养老金缴费 50% 以上——也就是要拿出市或州公务员薪水的 40%～60% 来缴纳养老金，同时还要等比例多缴税金。如果现在不补缴养老金，那么只要再拖几年，就得补缴更多的养老金，不然就是州政府或者市政府宣布破产，并且拒绝向将要退休和已经退休的政府公务员支付养老金。匹茨堡市政府积欠了 2.5 亿美元的无资金准备的养老基金债务，该市所在州的保险委员会已经宣布该市政府公务员养老金计划处于"非常危险状态"——这是做出正式破产判决前的最后通牒。

即使那些已经制订资金准备计划的地方政府，也往往资金准备严重不足。底特律市政府用于其公务员养老基金的税收比例要大于美国任何其他大城市：相当于该市政府公务员薪水的 55%。但是，这些政府公务员养老基金，主要是由于过去 10 年中政府公务员薪水和养老金福利双双大幅度增加，因此积欠了 10 亿美元无资金准备的养老金负债。

据"官方"估计，纽约市政府公务员既往服务年限无资金准备的养老金负债已经达到 55 亿～60 亿美元！实际数值可能比这要大很多，但没人知道到底大多少。纽约市根据 1918 年的保险精算结果来设立其政府公务员养老基金，当时雇员平均寿命预期不到 55 岁，而现在已经大大超过 70 岁。除了积欠的养老金负债，公务员养老基金没有为纽约市必须向退休公务员支付比预期多出的 10～15 年的养老金做任何准备。据某些专家估算，纽约市积欠的无资金准备既往服务养老金负债高达 100 亿美元。即使官方承认的 60 亿美元也会导致纽约市政府积欠其公务员养老基金的无资金准备既往服务养老金负债超过公众手中持有的纽约市债券和其他票据市值。要知道，"无资金准备的既往服务养老金负债"就像任何其他负债一样是一种债务，在纽约市政府还清这种债务之前，一切"纽约市政府收支平衡"的言论都是彻头彻尾的谎言，而任何

"拯救纽约市财政"的计划都将徒劳无功。

人们通常认为，只有大城市才有地方政府公务员的养老金支出和准备金问题，而事实并非如此。在很多情况下，小城市地方政府同样也有养老金许诺不断攀升而养老基金准备严重不足的问题。在宾夕法尼亚州兰卡斯特这个只有 5 万居民的小城，光警察和消防员的养老基金缺口就高达 1000 万美元——这个小城不论男女老少人均 200 美元或者差不多每个家庭 1000 美元。然而，兰卡斯特这个阿米什人居住区的腹地一直被认为是奉行财政保守主义的楷模。

美国州、县、市地方政府的公务员养老基金同样急需管理改革，全美有很多公务员养老基金支出很大，但投资记录却极其糟糕，而且还有养老基金由政治亲信管理的悠久传统。在这方面，纽约州就是一个非常典型的例子，该州的审计长是该州公务员养老基金的唯一托管人，并且无须向任何人负责。对于私人养老基金来说，这样的安排是绝不允许的，无论这个人是多么值得尊敬。

公务员养老基金需要遵守《雇员退休收入保障法案》相关条款，包括养老金保留权利、养老金准备设置、既往服务年限养老金补缴责任以及养老基金管理等。这样做虽然不能防范"危机"，但至少可以使问题公开化。事实上，这样做不但能暴露很多（也许是大多数）政府机关已经陷入严重的财政混乱状况，而且还能防范像纽约市那样在宣布破产前一直掩饰其公务员养老基金危机的财务报表舞弊，以及由破产清算无法再拖延导致的"突然惊吓"。

其实，美国政府公务员养老基金的基本问题既不是财务方面的，也不是管理方面的，而是强加于政府公务员的一种"强制劳役"，这种"强制劳役"接近一种"劳役偿债制"。这种"劳役"并不是事先"计划"的，而主要是公务员自己的工会施加压力的结果，但却与公平、个人自由和社会流动性格格不入，而且也是雇主、雇员和纳税公民最不想要的。

在美国，像纽约市和旧金山市那样支付优厚退休养老金的公务员养老基金并不是很多，这两个城市支付给退休公务员的养老金要比私人养老基金高出 50%～60%。只要一切顺利，公务员退休后领到的养老金可能与他们一生中的最高薪水持平甚至更高。总的来说，包括联邦政府公务员在内的大多数公务员退休后都能享受大大高于私人养老金计划所能提供的养老金。大多数公务员在工作 20 年或者 25 年以后还能提前享受很高比例的退休养老金，如相当于公务员最高养老金的 60%（或者他们最高年收入的 40% 以上）。公务员养老金福利的快速攀升已经是最近 15年导致政府（尤其是地方政府）支出骤涨的一个重要原因。

不过，地方和州政府公务员如果在为现雇主服务满 20 年或者 25 年前辞职，或者无论出于什么原因被提前解雇，那么就照例不能享受公务员退休金。例如，新泽西州的一名公立学校教师倘若在到允许提前退休的年龄前一个学期调到位于 10 英里外的纽约州去做一份教师工作，那么就会丧失其全部的养老金权利。即使这位教师从新泽西州格伦里奇的一所学校调到另一所距离两个街区、属于布卢姆菲尔德的学校去任职，也将失去领取退休金的权利。加利福尼亚州奥克兰市的一个警察倘若未达到规定工作年限调动工作，那么情况也是如此。在很多政府单位（如纽约），即使从本市的一个部门调到另一个部门，譬如说从警察局调到市政工程部工作，如果是在达到20年允许"提前退休"的服务年限前一天调动工作，那么也要失去全部的养老金权利。

因此，政府公务员，尤其是地方政府公务员，实际上是与他们的工作岗位捆绑在一起的。如果在达到20年"允许提前退休的工作年限"之前调离工作岗位，就要受到非常严厉的惩罚。更糟糕的是，政府机关都非常不愿意雇用已经在其他政府机关供职满10年的公务员，譬如说教师或者警察。道理很简单，就是成本太高。雇用单位必须支付他们退休后的全额养老金而这样的公务员在新单位的工作时间不足以补齐他们全额的养老金缴费。根据某些政府机关的养老金计划，如果政府机关雇用一个年龄35岁的公务员，这个公务员工作到65岁退休，但由于其他政府机关在他来这里工作前没有为他将来的养老金"设置准备金"，因此，现在雇用他的市或县政府就要比雇用一个工作、薪水和养老金都相同但20岁出头的公务员每年多支付20%左右的养老金准备。

在1974年《养老金改革法案》旨在纠正的种种养老基金"滥用"中，最大的滥用当然是某些企业养老金计划规定的漫长的养老金权利保留期，以及由此而导致的雇员在工作和缴费多年后因离职或者被解雇而丧失养老金权利。现在，所有的私人养老金计划必须在雇员工作和缴纳养老金后10年内，"赋予"雇员的养老金享受权利。迄今为止，只有很少几家大公司的养老金计划设置了长达20年或25年的养老金保留权利期，在这个期限以前辞职或者被解雇就失去全部养老金，这个期限是政府公务员养老金保留权利的标准期限。

只要政府部门的工作被认为具有绝对的就业安全，那么，这个标准就可能被作为"地方自治"的必要代价付诸实施。公共服务部门的工会（甚至包括公共服务部门雇员中工作流动性最强的教师的工会）反对缩短养老金保留权最低年限，因为这样有可能妨碍公共服务部门雇员追求更多的工作选择、更高的薪水、更多的养老金和更多的提前退休福利这些优先目标。如今，特别是在纽约市和加利福尼亚州裁减公务员以后，公务员的终身就业保障不再能作为一种不可改变的铁定规律，因此，地方政府公务员及其工会倘若能够理性行为，那么就应该改变自己的策略。对于地方政府公务员来说，尽早获得养老金保留权是最理智的选择，这样就能防范那些旨在削减他们最终养老金和提前退休福利的要求，而地方政府公务员将越来越多地面对这样的要求。

不过，更加明智的选择也许是不要相信"工会政客"的痴心妄想，也不要把这个问题作为"市政厅"政治活动来对待，而应该把它作为个人自由问题来处理。既然私人部门雇主及其养老金计划都必须执行养老金保留权 10 年的规定，那么就应该把迫使公共服务部门的雇主（联邦、州和地方政府）遵守这项规定作为一项国家政策来执行。

从长远看，这样的规定有可能实际减轻政府的财政负担，同时又能改善政府公务员的经济保障。各级政府也会发现这项规定能为在需要时裁减公共服务部门雇员带来便利，如在学龄儿童人数急剧减少时裁减教师，而被裁人员由于享有到退休年龄领取养老金的保留权，因此也会觉得寻找其他工作更加方便。今天，如果美国公务员能在同一雇主那里工作到 65 岁或者至少工作 20 年或者 25 年，那么就能享受远高于其他国家公务员的养老金。○但同时，美国公务员的境况又远差于任何其他主要国家的公务员（日本再次除外，因为美国的占领不可思议地把美国的养老金制度强加给了日本），因为其他主要国家的公务员无论如何都可以在不同政府雇主之间自由流动，并且能够随身携带养老保险账户。

美国人普遍认为，地方政府和州政府只要不屈服于"公务员们的过分要求"，就能够节约养老金支出。其实，这纯粹是胡言乱语。地方政府和州政府（以及联邦政府）的养老基金都将需要**更多的**资金，在未来的几年里，养老基金需求将是地方政府和州政府的最大支出。即使不顾工会的反对，公务员（代价肯定高昂）的提前退休福利得到大幅度削减，养老基金仍是政府的首要支出。这是因为政府养老基金的资金准备严重不足，需要多年的超额补充才能实现平衡。

为了保证公务员的养老金安全和工作流动性，需要采用与《雇员退休收入保障法案》规定的企业雇员获得养老金保留权的最低年限相同的条款，这同样也要付出很大的成本，甚至比20世纪60年代末和70年代初纽约市政府以很高的代价处理提前退休福利问题（或者同期东京那个"思想进步"的市长推行提前退休福利）的成本还要高出很多。

政府养老金计划的真正问题，并不在于其总体成本，而在于其作用（它们买的是什么）。现行政府养老金计划制度可以说是一种借助养老基金推行的劳役偿债制，这种制度不但反社会，而且各方面的成本都极高。很显然，要处理这两种未竟的养老基金（工会控制的养老基金以及

○　也许，日本的某些城市除外，如东京。由于在过去的10年里市政府的"进步"，东京的财政状况甚至还不如纽约市。

州、县、市政府公务员养老基金）需要采取多种行动，采取行动的迅速程度，将取决于一些重要的政治变革。首先，国会、企业和工会，最重要的是一般公众必须接受：养老金计划无论雇主是私营企业、政府部门还是像私立大学和／或医院那样的非政府公共服务部门机构，在未来的25 年里都将成为美国主要的金融机构，并且代表着大多数美国家庭的主要"资产"。养老金计划方面的支出即使没有超过教育支出，也要高于医疗保健支出。在一个 90% 的劳动者是雇员、80% 的社会成员有望活到 60 岁、60% 的社会成员有望活到 70 岁甚至更高年龄的社会里，养老金计划对于劳动者的经济保障、工作流动性和个人自由至关重要。为了确保养老基金资产的安全，充足的养老基金债务融资和政策必须成为美国国家政策的一个确定无疑、第一优先的目标，强制企业、工会和政府各方严格执行。

最后，我们必须认识到因养老基金的出现所引起的变化与养老基金本身具有同样重要的意义，这就是发达国家的人口结构和人口统计数字发生了巨大的变化。

人口统计数字的巨变

迄今为止，美国的养老基金是人类对其自身状况发生最深刻变化做出的最有效的回应。今天，这个人类自身状况最深刻的变化就是大多数人已经过了工作年龄，进入了老年阶段。

如今流行的是，拿我们所谓的对老年人的冷漠无情与想象的他们在前工业时期能从社会和家庭得到的关爱进行对比。其实，这种比较毫无意义。在前工业时期，社会和家庭根本就没有养老问题，因为那时候甚至只有很少的人能够活到我们今天所说的壮年，也就是 50 来岁。当然，人类的寿命极限几乎一直没有变化。从有历史记载以来，就有活到 80 岁和 90 岁的长寿老人。但就在不久以前，不论男女，能活过 40 岁就已经算是"幸存者"了，如果真能活过 50 岁，那么就称得上罕见的例外。

　　1591 年，威尼斯人在贸易港口扎拉（亚得里亚海滨的一个繁华城市）曾经组织过一次著名的人口普查。在这次人口普查中，威尼斯人只把 50 岁以下的居民作为劳动力；当时，扎拉城有 13 441 个居民，只有 365 人的年龄超过 50 岁，约占该城总人口的 1/40。$^\ominus$ 显然，当时只有很少的人能够活到 60 岁或者 65 岁。（在美国和所有其他发达国家，如今 65 岁以上的人口已经占总人口的 10% 以上，50 岁以上的人口已经占到总人口的 25% 以上或者成年人口的 40%。）即使在扎拉城的人口普查过去了 200 年后，世界人口年龄结构也没有发生变化。1800 年前后，汉堡（仅次于阿姆斯特丹）很可能是当时欧洲最富有、健康水平最高的城市，汉堡不但有第一个遍布全城的公共医疗卫生系统，而且为了把穷人和病人拒之城外而严格控制外来人口进城。然而，根据汉堡城翔实而又研究透彻的档案资料，50 岁以上的居民由于稀少而有特别记载。一个贵族商人家族的"族长"或"年长者"是一个 40 岁刚出头的男人。几十年后，也就是到了 19 世纪中叶，巴尔扎克在他的《三十岁的女人》中把他的女主人公描写成一个即将迈入老年的女人。就在维多利亚女王

　　$\ominus$　Fernand Braudel: *The Mediterranean* (New York: Harper & Row, 1972), Vol. I, p. 414.

统治中期，英国的每次人口普查只把 **50 岁以下**的人口作为"劳动人口"来统计，好像 50 岁以上的人几乎可以忽略不计似的。

历史上，年老的典型形象是一个照看小孙子的祖母在给他们讲童话故事，帮他们擦去脸上的眼泪，也许还在教他们识字。老祖母因患关节炎而腰弯背驼，牙齿也掉了，只能喝点儿稀粥，而且因患白内障或者青光眼而看东西模糊。她已处于非常衰老的状态，实在太虚弱已经干不了其他活儿，只能在家里照看孙辈。不过，考虑到过去妇女从十四五岁就结婚生子，并且到了 25 岁就不再生育，因此，这样一个干瘪老太实际年龄几乎不会超过 45 岁或者 50 岁。

早期的公务员"养老金计划"，如奥地利和瑞典的公务员养老金计划，可追溯到 18 世纪，但它们根本不向公务员发放退休养老金，而只是在生活上给予已故公务员遗孀和幼年子女一定的照顾。不过，那些很少有幸活到 60 岁或者 65 岁的公务员可以申请养老金。最晚到了 1900年，奥匈帝国皇帝（当时拥有世界上最庞大而且按照 1900 年的标准也是最臃肿的官僚机构）甚至还不需要全职职员来处理长寿公务员的退休养老金申请。

半个世纪以前，当日本为了应对老年人口快速增加的问题而创建退休制度时，日本人的平均寿命还不到 50 岁，而规定的退休年龄是 55 岁。到了 55 岁，雇员就可以领到一笔相当于两年薪水的退休养老金。根据当时日本的平均寿命，这样一笔养老金供退休雇员过余生还相当宽裕。⊖

⊖　今天日本成年人的平均寿命与西方国家的平均寿命相同：男性 74 岁左右，女性 78 ～ 80 岁。

　　关于前工业社会对老年人的"关爱",西方国家的民间故事除了蔑视、虐待和嘲笑外并无任何其他描述。像大贺(Taiga)、白隐(Hakuin)或者仙崖(Sengai)这样的日本18世纪的绘画大师,在他们的画作中也是这样处理上了年纪的人物的。他们三人都喜欢表现一个自己钟爱的主题:用辛辣的笔触描绘一个被认为以尊敬老人著称的国家的老年人饱受蔑视,过着凄惨、孤独的晚年生活。在民间故事和人们儿时的记忆中,我们亲爱的老祖母有那么多的时间和她们的孙辈在一起,唯一的原因就是家里的成年人都不愿花时间陪伴她们,让她们一人寂寞地待在壁炉旁。其实,孩子们也不是因为父母们允许才陪着老祖母吃饭,而是老人不准在成年人的饭桌上吃饭,只能和孩子们在一起。

　　有3个重要因素共同决定了我们的人口结构:出生率、婴儿死亡率和成活婴儿的平均寿命。其中,成活婴儿的平均寿命是最先得到显著改善的因素——主要是由于从19世纪中期以来公共医疗卫生和健康得到了很大的改善;而最后得到改善的则是婴儿死亡率,直到19世纪末,大约在1895年前后婴儿死亡率才开始显著下降。自那以后的30年里,西方和日本的婴儿死亡率急剧下降,然后10年是缓慢下降,从第二次世界大战时期起开始稳定在一个很低的水平上。

　　因此,人口统计数字变化已经持续了100多年,但直到19世纪90年代存活下来的婴儿到20世纪六七十年代达到65岁法定退休年龄时才逐渐演变成为一场"人口统计数字的革命",使得那些有幸超过工作年龄仍然健在的老年人成了在人数上占据支配地位的群体。这一变化在1955年已经初露端倪,但还没有真正发生,到了1975年才成为一种既成事实。

1935 年，美国开始强制推行社会保险。当时，美国每 9 个或 10 个劳动者中只有 1 人能够活到 65 岁以上，而今天这个比例已经提高到 1∶4。在过去的 40 年里，美国 65 岁以上的人口增长速度几乎要比劳动人口快 3 倍。然而，这 40 年即使不是整个西方历史上，起码也是美国历史上劳动力增长最快的时期，首先因为已婚妇女加入劳动力行列的人数从几乎为 0（农场除外）增加到了 50%。

因此，过去 70 年里发生的人口统计数字的巨变，在人类历史上第一次创造了一个庞大的"中年人"群体（一个已经过了成家生子的年龄但工作能力仍然非常旺盛的群体）以及一个相对人数较少但绝对人数仍然可观（总的来说还比较健康的）老年人群体（一个过了退休年龄的群体）。对于这两个群体来说，养老金是他们的重大关切，而且两者几乎合并构成了所有发达国家成年人口的主体。

在这些发达国家里，超过传统退休年龄的老年人的数量和占比至少还要增长 10 年。1975 年，美国大约有 2200 万 65 岁以上的老年人——略低于美国人口的 10%，到 20 世纪 80 年代中期将增加到 3000 万——几乎要占到美国总人口的 12%、成年人口的 20% 和劳动力的 30%。从那以后，美国 65 岁以上的老年人口将停留在这个水平上，除非美国再出现一次能与 20 世纪 50 年代比拟的"婴儿潮"，包括苏联在内的其他发达国家，人口统计数字的状况也大致相同。

因此，最关心退休和退休养老金的两个群体，即退休人员群体以及年过半百、临近退休的劳动者群体，将日益成为发达国家的"人口结构重心"，并且越来越有可能主导这些国家的政治主张、价值取向、重大关切以及经济和社会政策。

20 世纪 60 年代末和 70 年代初，一些作家对"永久青春革命"进行了广泛的宣传，如耶鲁大学的查尔斯·赖克（Charles Reich）在他的畅销书《绿化美国》（*The Greening of America*）中就对这场革命进行了大肆宣传。然而，即使在当时就有人肯定地表示，"青春革命"只能是一个昙花一现的奇迹。因为，即使在这场革命声势浩大、引人注目的鼎盛时期，即 20 世纪 60 年代末，我们已经遭遇了持续整整 10 年的"生育低潮"。这波低潮始于 1960 年或 1961 年，美国和所有其他发达国家的出生率急剧下降，到了 70 年代中期不可避免地引发了青少年人口的骤减。因此，"青春革命"必然是一个短暂现象。那些年发生的真正革命，一种永久性的变化，就是庞大的 65 岁以上老年人群体作为新的人口结构重心的出现。而且，除非发生像核战争那样规模的灾难或者新的黑死病肆虐，否则，在可预见的将来，这一变化不可逆转。

发达国家可能会以它们的方式、言语和媒体宣传继续强调青年的重要性（尽管效果不大）。但是，发达国家无论多么巧言善辩，都不可避免地日益成为以中年人为主导的国家，并且在行动和关注焦点方面越来越聚焦于养老金问题。现在，无论是女人的裙子长了 1 英寸⊖或短了 1 英寸，还是三年级拼写课本的出版商出版了一种新课本，都不负责任地用"革命"一词来炒作。不过，只有人口统计数字的巨变或者养老基金社会化在美国的脱颖而出，才当之无愧地可被称为"革命"。其

⊖ 1 英寸＝0.0254 米。

实，人口统计数字的巨变也许真的是一个比那些历史学家们通常给予排他性关注的革命更加重要的事件。最重要的是，对于个人和家庭来说，这些巨变可能要比其他革命中的任何一种都会产生更加直接、猛烈的影响。

到目前为止，只有美国社会已经着手解决由这场人口统计数字的革命导致的种种问题。虽然，丰厚的收入对于提高个人尊严和健康水平的作用当然不应低估，但是，企业养老基金只能间接有助于解决人口老龄化引发的情感、生理和文化问题，或者有助于缓解为数众多的老年人口给家庭造成的压力。但是，在未来短短的几年里，最多不会超过 10 年，美国的养老基金必将积累足够多的资产，只要通货膨胀没有侵蚀或者摧毁美国养老基金所积聚的资产，那么，美国的养老基金就能够向充分多的雇员（大约占 2/3 达到退休年龄的美国人）提供一份即使按照美国的标准也算得上相当体面的收入。在许多国家，绝大多数老年人只能领到一份政府养老金，这份政府养老金不但几乎远低于美国的社会保险金，而且还低于我们任何一种"贫困线"标准。譬如说，英国政府的养老金领取者大多几乎就生活在勉强糊口的水平上。

让"工人"和"资本家"合二为一，而且把"工资基金"和"资本基金"都表现为"劳动所得"，这样的经济转型是一种创新，并且与一切我们所接受的理论是格格不入的。"资本基金"来源于劳动所得，而无论是雇主或者雇员缴纳还是两者一起缴纳的养老基金缴费是一种"递延工资"和"劳动成本"，这与古典经济学理论和凯恩斯主义新古典学派理论是完全不相容的。这种"资本基金"反过来可以反哺"劳动所得"——这就是养老金支付。[⊖]与此同时，雇员养老基金持有生产资源的所有制既能保证雇员流动性和资本流动性，又能确保雇员个人自由和基于生产效率的资源合理配置。

25年前，如果有人提出一个通过企业养老金计划来为美国全体雇员提供退休收入的方案，那么肯定会被认为想入非非而遭到冷落。而他们提出的方案无论从财务还是经济的角度都会被认为不切实际而惨遭丢弃。如果那时有人提出大企业应该把控股权交给雇员，那么，无论是左派还是右派都会把他们视为狂热的极端"激进分子"。任何有理智的人都会认为，这样的所有权变更只有通过暴力行动才可能实现。

因此，绝对令人惊讶不已的是，这些"不可能实现"的"激进"目标的真正实现却几乎没有引起人们的注意。

没人注意到的革命

现在有大量的养老基金研究文献，但是，它们不是研究像个人养老金保留权和为养老金索取权设置准备金这样的保险精算问题，就是讨论资产投资组合和投资绩效问题。美国国会花了两年多时间最终才通过《雇员退休收入保障法案》，即1974年的《养老金改革法案》。其间，美国国会组织了无数次听证会，请人完成了数十项专题研究，并且还审议了很多选择方案。然而，这数千页的文献资料就没有提到养老基金的社

⊖ 这只是19世纪初的"空想社会主义"和法国"浪漫社会主义"（如傅里叶，特别是圣西蒙）乌托邦在20世纪的翻版，古典经济学家认为它们应该被关进历史的疯人院。

会或政治意义，而关注养老基金经济影响（如对资本市场或者资本形成的影响）的文献也寥寥无几。整篇论述的都是关于保险精算和资产组合管理的问题。⊖

更令人吃惊的是，有关现代社会政治和社会结构的讨论丝毫都不关注美国养老基金这个既成事实以及养老基金所掌握的企业股权问题，甚至仍有不少人在为创建养老基金献计献策，好像养老基金压根就不存在似的。其实，他们有关创建养老基金的建议远远落后于现有养老基金实践。

譬如说，在美国，路易斯·凯尔索（Louis Kelso）提出一个广受称道的建议：通过利润分享型雇员养老基金来让雇员拥有企业的部分所有权。实际上，凯尔索是想通过让美国雇员成为其所在企业的“所有者”来使他们由雇员变成“资本家”。其实就是过去所说的“工业民主”计划的翻版，工业民主想使工人成为企业的“老板”，但实施工业民主的企业有一半或者更多濒临破产或者属于衰退行业，从而剥夺了工人所需

⊖　仅有的几份关于养老基金经济和社会影响的文献在 25 年或 20 年前就已经出现，远在养老基金发展成重要投资者和所有者以及养老基金的影响能够被评估之前。这方面的文献总共只有 3 个。一是发表在 1950 年 2 月的 *Harper's Magazine* 上关于矿业养老基金的文章（过于悲观）“养老金的幻想”（*The Mirage of Pensions*），探讨了 20 世纪 40 年代末工会的要求问题。这项研究是在第一个现代养老金计划诞生之前发表的。二是 Adolph A. Berle 的书 *Power Without Property*（New York: Harcourt Brace, 1959），这项研究太过乐观。三是 Paul P. Harbrecht 关于 20 世纪养老基金的研究 *Pension Funds and Economic Power*（1959 年），主要讨论托管问题。在这三项养老基金研究中，我和 Berle 都预见了养老基金对经济结构、资本市场等的重要影响，我们还基本预测了当时还没发生的事情，如养老基金对劳资关系和“工业民主”的影响。1959 年以来再没出过这方面的著述。但是，在这以后的 16 年里，私人养老基金的资产增加了 10 倍多，它们控制的美国企业股权也从不到 3% 增加到 30% 以上。

要的养老金。正是由于这个原因，26 年前查尔斯·威尔逊拒绝了工业民主的提议。

其实，我们由长期积累的经验知道，凯尔索提倡的"工业民主"甚至还算不上一张为实现"劳资和谐"开出的处方，几乎肯定会导致"劳资怨恨"。通过投资于雇员所在企业股票的利润分享型养老基金把雇员自身的经济利益（他们退休以后晚年生活的主要依靠）与企业的命运捆绑在一起，此举只有在企业的利润和股票价格持续上涨的情况下才能收到预期的效果。但是，如果实行这种做法的第一年，企业盈利减少，股票价格下跌，那么，"快乐的资本家"（持有企业股权的雇员）就会变得焦虑不安，转而成为工业民主的恶意批评者。他们会觉得自己被骗了——其实，他们的感觉是正确的。他们会把自己当作受害者。即使企业的收入和利润再度开始上涨，他们也不会再相信自己的退休养老金理应或者本来可以的那样安全。再说，即便是再好的企业也会遇上不好的年景。

有些老年雇员对于依靠"他们"的企业来提供退休养老金的雇员所有制仍抱有幻想，这倒也不足为奇，因为旧有的幻想很难破灭。真正令人困惑的是，在有关凯尔索方案的辩论中，居然没人（无论是拥护者还是反对者）意识到，在没有凯尔索方案的财务风险和成本的情况下凯尔索使美国工人变成"资本家"这一目标的养老基金已经存在。凯尔索的信徒、美国路易斯安那州民主党参议员拉塞尔·朗（Russel Long），在1975 年秋天曾敦促美国国会通过一项议案。它在这项议案中建议允许把资金全部投资于雇员所在企业的养老金计划享受特别税收待遇。出于稳妥的投资原因美国工人更加偏爱通用汽车公司那样的私人养老基金，因为这种养老基金能够满足他们的需要，即为退休以后提供经济保障。但是，拉塞尔·朗无视这方面的大量证据，他肯定没有意识到，他的议案基本上就是鼓励剥夺工人的养老基金去为那些不这样做就无法筹到资金的衰退企业提供资金。显然，他从没听说过美国大多数雇员已经参加了现有的养老金计划。

国外对美国在养老基金方面取得的成就也知之甚少。在欧洲，奥塔·锡克（Ota Sik）曾经建议通过设立一个由工会管理的全国性雇员退休基金的方式来创建"民主社会主义"。劳动者退休基金用企业利润来创建，然后把资金投资于全国企业。根据 1969 年的原始方案，锡克希望的计划目标是在 25 年后最终能够拥有全国企业 10% 左右的股份。这个目标在很多欧洲社会党人看来太过激进。但在锡克提出他的计划时，美国的养老基金已经持有几乎两倍于这个目标的美国企业股份（大约 18%）。无论是锡克本人还是欧洲左翼或者右翼批评者，甚至都没有提到美国的养老基金实践。

之后不久，丹麦工党政府执政，为了安抚其他左翼党派，真的把一个锡克计划版本的议案提交丹麦议会审议。根据这个议案，工人的养老基金（一个全国性的养老基金）到 2000 年就能持有丹麦工业企业 10%～15% 的股份（美国雇员养老基金到那时将至少持有美国企业 60% 的股份）。然而，就是这样一个议案在丹麦开明人士看来也太过激进，以至于丹麦工党政府匆匆撤销了议案。

1975 年，瑞典执政党的领导人提出了一项旨在实现"工业民主"类似的计划。这项计划建议，每家瑞典大公司用20%的**税后**利润购买本公司的股票，然后交给一个全国性雇员养老金计划运作。而在1975年，美国企业已经把自己30%的**税前**利润，或者至少两倍于瑞典计划所建议的税后利润，交给主要投资于股票的养老金计划。即使瑞典所有的企业年年都能实现高利润，这份养老金计划最快也要到2000年才能赋予瑞典雇员养老基金30%的瑞典企业股份，而美国的养老基金在1975年已经达到了这个持股比例。

这些斯堪的纳维亚版本的锡克计划在一些重要的细节方面有别于美国的"养老基金社会化"，但也正是这些差别表明它们不及美国的"养老基金社会化"。这些计划所建议的全国性养老基金可能要持有丹麦或者瑞典每家企业的股份，因此既不能卖掉手中持有的股票，也不能购买作为年度利润等价物持有的股票以外的其他证券。这样，养老基金的资产就被冻结在其持有的股票上，而养老金受益人也因此而被捆绑在这些股票上。所以，这种养老基金就无法摆脱衰退企业或者衰退行业。事实上，这种养老基金本身的规模和声望导致从政治上讲不可能采取这样的行动。因此，参加这种养老基金的雇员到头来几乎肯定只能领到很少的养老金，远远少于他们参加美国式分散、多元化、自主投资的养老基金能够领到的养老金。

从经济的角度看，这种对老企业和衰退的强制性补贴同样也是不可取的，因为这种强制性补贴在一个经济和技术快速发展的时代，会把本国经济固定在当下的格局上。事实上，这样一种养老金计划注定会使斯堪的纳维亚国家遭遇英国自第二次世界大战以来所遭遇的命运。老企业无论怎么陈旧过时，仍有充裕的资本予以补贴。但是，如果这些国家始终只把资金投在已有的盈利大企业上，那么，经济中的新企业和成长部门就有可能实际得不到资本。而且，这种多少带有政府色彩的官方资金也只能限于本国投资。但如今，无论是从未来养老金领取者的利益还是从国家自身利益的角度看，排斥投资于世界经济的做法，对于一些很小的国家，很难说是一种正确的行动。

就连这些计划的拥护者也承认它们的缺点，并且为这些计划感到不安。他们不得不自问："可不这样做，又能怎样呢？"显然，他们甚至从未听说过美国在养老基金方面获得的发展。这些计划的反对者（包括一些斯堪的纳维亚最有见地的经济学家、银行家和商界领袖）也都不知道美国在这方面获得的发展，而且明显没有想到居然有美国养老基金社会化这样的东西存在。美国的养老基金社会化在"雇员所有制"方面已经比欧洲最激进的养老金计划走在了前头，而且美国的做法具有大得多的融资和经济灵活性以及少得多的工会滥用养老基金权力和财富的危险。就连非常担心自己的方案蜕变为工会牟利工具的锡克本人也没有注意到美国在养老基金方面取得的成功，更不用说知道用企业利润构建的美国雇员养老基金已经成为大企业的控股股东。具有讽刺意义的是，锡克和斯堪的纳维亚人都把自己的方案视为"欧洲对资本主义美国做出的回答"。不过，当有人告诉（就像几年前我在瑞典马尔默的一次会议上所做的那样）他们美国的养老基金发展现状时，他们没有人相信："这要是真的，我们肯定听说过。"

其实，即使在美国似乎也没人听说过养老基金的发展现状。美国工人知道有养老基金这回事，而且 45 岁或 50 岁以上的工人非常关心养老基金问题。但是，在 1000 个工人中也许没有一个真正明白，通过参加养老金计划，他们就能实际拥有美国企业。同样，工会领导人也知道有养老金计划这么回事，并且也非常关心它们的相关规定和投资业绩，但是好像同样也不理解养老金计划如今已经实际成为"雇主"。

美国的企业管理人员也同样如此，当然，他们都知道"机构投资者"如今是重要的投资资金来源。他们还都知道，"机构投资者"仅仅是"养老基金"的一个别称；这些"机构投资者"联手掌握着他们企业的控股权益；而且，如果"机构投资者"或者养老基金不愿对他们的企业进行投资，那么，他们的企业就不可能筹集到资金。由于几年前那场关于《雇员退休收入保障法案》的辩论，大多数企业管理人员终于明白，养老基金缴费是他们企业非常大并且还在不断增大的开支，在大多数企业至少要占到效益好的年份 1/3 的收入，而在执行《雇员退休收入保障法案》以后，这些缴费在未来的几年里将会占到很多企业 50% 的税前利润。

然而，在我所认识的企业管理人员中间，几乎没人做这样简单的计算，把投入本企业养老基金那部分的税前利润以及已经属于"机构投资者"（属于其他企业养老基金）的那部分税后利润加在一起。因此，他们中间很少有人明白，他们自己企业的养老基金和其他企业的养老基金已经攫取了与税务部门一样多，但远比其他任何机构多的企业利润。

下面我们来看看 6 家美国化工企业 1973 年的数据，其中一家大企业的年销售收入高达 10 亿美元，而两家相当小的企业的年销售收入只有 1 亿美元。假设这 6 家企业在扣除养老基金缴费和税收前的合并利润为 100，养老基金缴费（当然养老基金缴费可以免税）用去 20。还剩下 80 的税前利润按 40% 的税率缴纳企业所得税：80 的 40% 等于 32。这样就剩下 48 的税后利润，机构投资者（实际上就是全体养老基金）有权分红取走其中的 1/3 或者税前利润的 14 或 15 个百分点。因此，本企业的养老基金（用去 20%）和其他企业的养老基金（分走 14%～15%）缴费总共要占到 34%～35% 养老基金缴费和税金扣除前的利润。联邦政府征税拿走 32 的税前利润，其他政府（尤其是州政府）再拿走 5 的税前利润，还剩下不到 1/3 的税前利润被"外部"投资者占有。

以上数据严重低估了养老基金占用的企业利润。首先，这些数据都是 1973 年的数据，因此是在《雇员退休收入保障法案》付诸实施之前，那时企业的养老基金缴费还没有大幅度增加。其次，整体而言，化工行业并不是一个劳动密集度很高的行业。在劳动密集型行业，如建筑业，更不用说是像零售或者医疗保健这样的服务业，企业养老基金缴费即使在 1973 年往往也要占到企业税前利润的 40%。再次，这些数据是化工行业效益好的年份甚至是一个效益创纪录的年份的数据。两年以后的 1975 年，化工行业盈利下降，同样这 6 家企业不得不把企业 35% 的养老金缴费和税金扣除前的利润用作本企业的养老基金。总的来说，今天即使在一个效益好的年份，大多数企业也要把一半以上的总税前利润用于企业员工的养老基金，这其中包括本企业自己的养老基金和其他企业养老基金分走的红利。换句话说，就连"山姆大叔"现在也变成了一个小"股东"；而外部独立非机构投资者即使在企业效益好的年份，能够分享的企业毛利也只有不足的 5%。

这种变化对企业的财务政策、资本结构或者股利政策意味着什么？迄今为止几乎还没有管理人员认真考虑过这个问题。但是，就像在本书的下一章里将要讨论的那样，上述变化的影响令人惊讶。

在有关美国经济和社会结构的辩论中，几乎没有人提到过美国的养老基金。这方面的一个例子就是关于"个人财富分布状况"的统计数据（由于传统的收入分配统计数据不再支持把美国作为不公平和不公正问题日益严重的国家来抨击的做法，因此，个人财富分布状况的统计数据现在已经变得广受欢迎）。然而，个人财富分布状况统计完全忽略了养老金的索取权。养老金索取权并不是一种"已经拥有的财产"，也不是传统意义上的"所有权"，因为这种权利既不能买卖，也不能用于抵押或者借贷。在受益人还没达到开始领取养老金的时点前，它连某个特定的数额都不是。即使受益人到了领取养老金的年龄，养老金索取权所代表的养老金总额也取决于受益人的寿命。

但是，养老金索取权显然是一种"财富"，甚至有可能是美国中年人家庭最大的单笔资产，价值超过他们的自有住房和汽车这两种传统上美国家庭拥有的最值钱的财产。如果把养老金索取权排除在个人财富统计之外，那么就会导致个人财富统计数据失去意义，甚至有造假之嫌。如果把养老金索取权统计在个人财富中——运用概率统计技术可以相当方便地做到，那么，"个人财富分布状况"就有可能反映一种与个人收入分配至少一样高甚至更高的公平程度，因为养老金索取权是同时根据年龄和收入来分配的。

　　然而，在今天的个人财富分布状况讨论中，无论是政府统计部门的工作人员，还是那些对养老基金概念和数据横加指责的人，似乎都没有想到在能够计算或适当分析美国个人财富分布状况的任何数据前必须把养老基金的资产考虑进去。

企业所得税

　　关于企业所得税的争论是另一个反映养老基金及其意义普遍没有得到理解的例子。随着养老基金作为美国大企业控股股东的出现，企业所得税就成了一种对美国工厂的惩罚性税收以及对"肥猫"（高收入人群）的补贴。对于已经按 50% 或更高税率纳税的人，如年净收入 10 万美元或以上的已婚夫妇，税率为 48% 的企业所得税根本就不是一种附加税收负担。而对于年收入高很多的人，譬如说年收入 25 万美元，其中有一大部分是股息，企业所得税有可能实际**降低**他们的总税负。然而，对于收入全部或大部分来自其所在企业养老基金的养老金领取者来说，企业所得税会大幅度提高实际税率，有可能把他们的实际税负提高到 50% 左右，因为他们是公司所得的受益股东和终极受益人。由于他们的一部分收入实际上是公司股息（占 70% 左右），要按 48% 的税率缴纳企业所得税，再加上他们已经缴纳的另一种所得税（占实际到手收入的 15%～20%），这样，他们的总税负在很多情况下要超过 50%，且几乎不会大大低于这个比例。

　　由此可见，企业所得税已经成为一种高累退性税种，并且是一种日益由雇员特别是那些最没有能力承担高税率的雇员（年纪较大的退休人员）缴纳的税种。企业所得税实际上已经成为一种"劫贫"的税种。然而，只要有人提出旨在减少企业所得税或者允许个人纳税人在纳税申报中扣除这部分企业所得税的建议，工会（受惩罚最严重的人的代言人）立刻就会表示公开反对，并且厉声把这种建议斥责为"济富"。实际上，再也没有比减少企业所得税能更加有效地促进收入公平的举措了，因为此举至少可以减少因持有企业养老基金而被课征的那部分税收。降低企业所得税，有可能实质性地提高收入最低的成人群体、年纪较大的退休人员的购买力，同时又不会产生通货膨胀效应。

真相应该已经大白，但是，工会领导人、税收经济学家，甚至连反对企业所得税的企业主似乎都没有注意到这些真相。企业主极力反对企业所得税，是因为这个税种阻碍了资本形成，进而阻碍了经济增长和就业机会增加。工会领导人、税收经济学家和企业主显然都认为，美国大企业（缴纳了 3/4 左右的企业所得税）仍由"富人"个人拥有，而不是通过养老金信托由中低收入者、美国企业的雇员集体持有。

人口统计数字的变化（完全是一种革命性的变化）也同样没有引起美国人的注意。当然，相关的统计数字大家都知道，但好像就是没有人重视它们的影响。

然而，人口统计数字的变化导致传统的经济理论（如古典学派和凯恩斯主义经济理论）以及基于这些理论的经济政策陈旧过时，并且催生了一种与自由分子提倡但保守分子谴责的完全不同的"福利社会"——事实上是一种与自由分子或者保守分子心目中的"美好社会"互不相容的社会。由于它改变了储蓄、投资和充分就业等关键概念的传统意义，因此，根据这些概念制定的（无论是开明或保守还是传统或激进）经济社会政策也应该做相应的调整。

人口统计数字的变化提出了一些新的有关生产率和资本形成的重大问题，导致我们的经济经常出现通货膨胀倾向和"储蓄不足"，而不是凯恩斯学派所说的"储蓄过度"这种威胁经济稳定的地方病。

发达国家特别是美国的人口统计数字的变化具有远远超越这些国家本身的意义，并且又在"富人"和"穷人"以及"白种人"和"非白种人"之间的紧张关系中增加了一条横亘在世界发达工业化国家和不发达第三世界之间的"代沟"。

本书主要讨论一些既成事实，不过是一些普通大众还没有意识到的问题，也是我们的政策还没有考虑到的问题：美国已经完成的养老基金社会化和构成养老基金社会化基础的人口统计数字的变化。

养老基金社会化：成功带来的问题

成功带来的危险

养老基金已经成了美国的新"巨头"。它们没有经过任何努力，也没有经历过任何危机和任何重大"问题"就达到了这种状态。这可是一个令人惊讶的成功故事，而且由于没人明显地给予它很大的关注而更加令人惊讶不已。

不过，成功总会导致它自身的问题，养老基金社会化的问题将日益成为美国社会、经济和政治的核心问题。由于养老基金社会化的异军突起以及支撑养老基金社会化异军突起的美国人口统计数字的变化都几乎没有引起太多的注意，因此，我们对于这些问题还毫无准备。正是这种毫无准备，而不是这些问题本身，代表着巨大的威胁。这些问题起因于通过构建养老基金体系来有组织地赡养老年人这一承诺本身，因此不但涉及经济结构、经济政策和经济理论等方面的基本问题，而且还关系到权力、合法性和监管等问题，即基本的政治（但主要是非政府的）问题。

最后，养老基金的崛起和成功对社会保险的作用和未来提出了质疑，并且有可能导致远比迄今可想见的任何改革都要激烈的社会保险变革。⊖对于美国大多数雇员（参加某个雇主养老金计划或者自我雇用者养老金计划的雇员）来说，社会保险正在快速变成他们退休收入的补充，而不是主要来源。参加社会保险的费用很高，而且还在不断增加；社会保险补偿金越来越多地发给了个人，而不是缴纳社会保险的机构，即发给了没有雇员或自我雇用者养老金计划的人。与此同时，社会保险系统已经遇到了严重的财务麻烦，实际上处于法律意义上的破产状态。

人口动态变化、出生率和赡养比

工厂现在把部分薪水存入养老金账户，就得放弃部分即期消费，而另一些已经领取养老金的退休人员则现在消费他们以前缴纳的养老金。作为交换，现在缴费并放弃部分即期消费的工人可获得一种未来消费索取权。但是，这种索取权只能依靠未来的生产来得到满足。今天的工人在 25 年后用他们的退休金支票购买的鞋子、汽车、面包和医疗服务并不是现在生产和储存起来，而必须靠 25 年后的生产来供给，并且要以

⊖　Martin Feldstein, "Toward a Reform of Social Security," in *The Public Interest*, Summer 1975.

牺牲另一些 25 年后实际生产商品和提供服务的工厂的消费为代价。

养老基金社会化促成了个人的独立性，老年人不再要依赖慈善或者子女们的孝心和经济上的成功来安度晚年。我们在抱怨社会如何"无情"地对待他们前，应该记住：老年人不但有自己的**需要**，而且还持有**索取权**。但是，退休人员作为一个群体，只能像以前那样"依靠"现在工作人员为他们生产剩余产品和服务的能力以及这些"生产性人口"让退休人员凭索取权消费剩余产品和服务的意愿。

美国有少数关注人口问题和人口统计数字的经济学家指出，美国的"生产性人口"与"依赖性人口"之间的比率不是在恶化，而是可能在实际改善。他们的理由就是，婴儿人数的减少速度快于过了 65 岁退休年龄的老年人口的增加速度。

然而，他们所说的原因与结果缺乏相关性。一个工人从自己的工资袋里拿出 20 美元给自己的孩子买一双鞋子，并不会把这看作"转移性支付"。这个工人不是在抚养一个外人。只要把钱花在家人身上，他就不会认为是因为为抚（赡）养"被抚（赡）养人"而减少自己的消费。然而，同样是从工资中拿出 20 美元缴养老基金或者社会保险费，这就是削减他的收入和购买力。换句话说，具有社会和政治重要性的并不是"生产性人口"与"依赖性人口"两者之比，而是劳动人口中生产性成员与不再是生产性成员的退休人员之间的比率。

1960～1965 年，美国的出生率下降了 25% 以上，而且再也没有回升过。现在，美国很多年轻人到 20 岁才"真正"开始工作。这样，美国的新增劳动人口到 20 世纪 70 年代末将会开始大幅度减少，并且至少会一直持续下降到 20 世纪 80 年代末。其间，无论出生率发生怎样的变化，都要到 1995 年以后才能产生影响。

从 20 世纪 60 年代中期一直到 20 世纪 70 年代中期，美国每年必须比 1950～1965 年期间每年为新增劳动人口多创造 40%～50% 的就业机会，这就是 1948～1959 年"婴儿潮"造成的后果。从 1978 年起，美国要比 1967～1977 年期间每年减少多达 30% 的新增劳动人口。

新增劳动人口开始工作的年龄可能不会再提高，开始工作的年龄在经历了一个世纪的持续提升（从 1850 年绝大多数人的 12 岁（尤其是农村孩子）提高到 1935 年（那年开始推行社会保险）的 15 岁，再增长到今天的 20 岁或以上（现在有一半的青年有高中以上的毕业文凭））以后，对于大多数人来说，很可能会稳定在 20～22 岁；而且，有不少年轻人还会接受职业或者专业教育，因此会晚几年参加工作。今后，要想明显朝着提前工作的方向逆转，看来是不可能了。如果我们能够让 20 岁以下的年轻人积累一些工作经验——这显然是非常可取的，那么就得让他们去当"学徒""实习生"或者"住院医生"，而不是从事成年人工作和当领取成年人薪水的全职员工。换句话说，我们不能指望有足够多的年轻人在 20～22 岁的年龄开始工作，进而在一定程度上抵消达到青春期和成年的青年总人口的急剧减少。

我们也不能再指望在职妇女占劳动人口的比例显著上涨。由于 40%～50% 的已婚妇女已经参加工作，而且大多是从事全职工作，因此，我们很可能会达到饱和点。至少，妇女劳动力参与度的持续增长必然会趋于和缓。女性劳动者也许能找到更好的工作，并且有更多的工作机会可以选择，特别是在经济形势好的时候。不过，女性劳动者的总数或者比例不可能出现大幅度的增长。事实上，参加工作的已婚妇女比例在未来的 10 年里很可能会下降。很多人口学家预计，婴儿出生率会上升，但仅仅是适度上升。在过去的几年里，大概从 1972 年开始，婴儿出生率略低于"净生殖率"（出生率与死亡率持平）。同时，目前美国人口中年轻育龄妇女的比例很高，这是 1948 年后出现了 10 年"婴儿潮"的结果。有证据表明，很多（虽然不是大多数）美国年轻育龄妇女完全愿意在生育年龄至少生育两胎，只是打算推迟生育。⊖ 这就意味着，在孩子上中小学或十几岁之前，会有更多的年轻妇女不参加工作，至少是不参加全职工作。因此，只要美国的婴儿出生率能够保持目前的速度上涨，那么就意味着美国的人口抚（赡）养比（需要依靠就业人口的收入抚养或赡养的非生产性人口儿童和老人）会进一步上升。

值得一提的是，美国非婚生黑人儿童（出生率和出生人数在 20 世纪 60 年代都没有下降，但在 20 世纪 70 年代才开始缓慢下降的新生儿群体）人数的增加不会从根本上影响美国劳动力状况和就业人口与老年退休人员之间的赡养比。绝大部分黑人家庭（已婚中产阶级和工薪阶层成员）的生育率虽然高于白人家庭，但也已经在稳步下降，而最贫困黑人"福利妈妈"的生育率由于年龄只有 15～19 岁，非常年轻的母亲的非婚生婴儿人数增加而还在上涨。

如果一定要对以上状况下结论的话，那么，这种状况主要是美国推

⊖　"The American Birth Rate: Evidences of a Coming Rise," by June Sklar and Beth Berkov, in *Science*, Vol. 189, No. 4204, August 29, 1975.

行善意但结果残酷的福利政策造成的。高福利诱使很多最缺乏能力和贫穷的人纷纷离乡背井，去大城市（难以想象的最不可靠、要求最高和最危险的环境）谋生。当这些贫穷、未受过训练、受到惊吓的人在城里无事可做时，我们就得付钱让他们生养孩子。这种高福利政策的社会后果将长期与我们相伴，而他们遭受的心理创伤和所做的绝望挣扎在劳动力总体短缺的"经济繁荣时期"只能是有增无减。20 世纪 60 年代和 70 年代初出生的黑人非婚生"福利婴儿"，到了 20 世纪 80 年代初就成了靠福利生活的青少年。无论他们多么需要工作，但就是没有工作可让他们做，因为我们的社会（不管对错——我本人认为是后者）并不认为这些青少年能够或者应该有"真正的工作"。他们应该上学，因为青少年基本上缺乏"可雇用性"。事实将会证明，5～7 年以后，也就是这些缺乏"可雇用性"的黑人青年（至少男性）绝大多数将找到工作，但几乎都不是什么好工作。其实，这根本就不是什么态度、技能或者肤色的问题，但在他们长到 20 出头的年龄之前，社会或者雇主们是不会把他们作为劳动力来看待的。不过，"福利婴儿"大多 10 岁出头或者十五六岁上就已经辍学。由于他们在上学的 6～8 年里没有学到很多知识，于是就相当明智地认定再多上几年学也不会学到很多东西。

因此，黑人非婚生子，尤其是非常年轻的黑人母亲的非婚生子人数的增多，几年以后将导致美国人和美国人的良心要面对一个可怕的问题。但是，无论其他劳动人口（包括黑人成年人）的失业率是多么低，或者黑人青年的失业率有多高，劳动力供给几乎不会受到这个问题的影响。

1976 年，美国的可用劳动人口（"充分就业劳动力"）不分男女，总共约有 9300 万，其中包括只能从事非全日工作的劳动力，如学生以及很多在家照顾婴儿的已婚妇女。按照 7%～8% 的失业率计算，这就意味着有 8700 万劳动力实际就业。到 1985 年，美国的"充分就业劳动力"（仍包括数百万可从事非全日工作的劳动人口）将增加到 1 亿左右。如果失业率下降到 4% 这个"充分就业时的失业率"——实际导致全职工作劳动力（尤其是成年男劳动力）严重短缺并且会对工资产生严重通胀压力的失业率，⊖ 那么，劳动人口就业人数会达到 9500 万。⊜ 即使 1985 年能够实现"充分就业"，就业人数也只不过比 1976 年这个存在失业的年份多 800 万左右。

然而，就在这相同 10 年里，美国 65 岁以上的人口将增加 800 万，也就是从 2200 万增加到 3000 万。而且，在每 3 个 65 岁以上的美国老年人中就有 1 个属于"生存依赖者"——通常是年龄在 55 岁以上但还没有达到 65 岁以上享受社会保障的遗孀，这些老人一般自己都没有收入。除了像战时经济那样的劳动力奇缺时期外，他们由于年龄太大或者技能太低而难以找到工作，但根据社会保险和很多私人养老金计划的相关规定可以享受"幸存者养老金"。1975 年，美国大约有 800 万人领取"幸存者养老金"，所以领取社会保险金的总人数达到了 3000 万——其

⊖ 顺便说一下，欧洲的失业统计采用完全不同的"失业"定义，他们认为充分就业时的失业率应该低于 1%。

⊜ 顺便说一下，美国劳工部、美国主要工会的经济学家以及福特总统在他 1975 年劳动节讲话中都把这个数据作为 1985 年如果美国要实现"充分就业"就应该为他们提供工作的人数来引用的。

中，2200 万是 65 岁以上的退休人员，800 万是 65 岁以上的"幸存者"。如果 65 岁以上的幸存者与退休人员的人数成比例增长，而且也没有理由认为这个比例会发生很大变化，那么，我们就要照顾差不多 4000 万需要"赡养"的人，因为按照我们现在的退休年龄定义，他们都已经超过了退休年龄。1975 年，每 3 个在职人员就得供养 1 个老年退休人员或者老年"幸存者"。在未来的 10 年里，即使能实现充分就业，这个"赡养比" [⊖] 也可能会变为 2.5∶1。

当然，退休的老年人的收入需求倾向于减少：子女会长大成人并且成家立业，房款已经全部还清，而且他们的一大部分收入（如社会保险金）是免税的。不过，他们需要更多的医疗服务。总的来说，用家庭中主要工作者收入的 60% 来供养一对退休夫妇，其生活水准虽说不是太好，但还是可以接受的。这就是美国 3/5 或者 2/3 的雇员（除了拥有社会保障还参加了养老金计划）到 20 世纪 80 年代初期或者中期可望领到的养老金（当然要受通货膨胀的影响）的水平。这也意味着今天每个被雇用的美国工人必须贡献差不多 1/5 的收入来赡养 1 个退休老人或者"幸存者"（丈夫在达到退休年龄前去世时的中年遗孀）。实际上，这大致相当于退休老人领到的社会保险金再加上养老基金发放的养老金。不过，在以后的 10 年里，即使实现充分就业，这个数值也可能上涨到在职人员收入的 1/4 或者每挣 1 美元要拿出 25 美分。

未来，赡养比甚至很可能恶化，因为"提前退休"越来越多地被写入劳动合同和社会保障规则，这当然是提供独立收入的私人养老金计划

⊖　从现在起，"赡养比"取其劳动力总人数与退休人员和幸存者总人数之比的意思。

导致的一个直接结果。就像地方政府退休计划倾向于要做的那样，鼓励雇员提前退休是愚蠢的，而用提前退休来取代养老金保留权则是恶毒的。不过提前退休条款使老年人能够在工作更长年限与提前退休领取较低的养老金之间做出选择，因此，受到了高度欢迎，这标志着赋予雇员更多的自由。

即使我们能够明智地利用提前退休的权利，它也会增加不再工作并要靠在职人员创造的产值来赡养的人的数量，而这又恰逢美国生产性人口和依赖性人口比率已经很低时期，从而必然会加剧退休人员的赡养需要与在职员工的现金需要之间的紧张关系。然而，好像并没有人担心赡养比的问题，反倒几乎变成了一个美国政治家、经济学家和工会领导人们一致认同的公理：雇员不会反对增加社会保障和养老金支出。

这简直就是神话，因为增加社会保障和养老金缴费会导致劳动力内部老年劳动者和青年劳动者之间的矛盾以及退休人员与在职人员之间的矛盾。

老年劳动者更关心养老金，同时又比青年劳动者有更少的现金收入需求。因此，在任何工资安排机制中，老年劳动者会迫切要求最大限度地增加养老金福利，而不是增加工资。而小于 40 岁或者 45 岁这样年纪较轻的劳动者则还不会太多地考虑自己的退休问题——退休对他们来说仍是太过遥远的事情。但最重要的是，年龄较轻的劳动者群体非常需要现金收入，现在可正是他们承受现金压力的时候：抚养孩子、买房、添置家具和家用电器、休闲娱乐等，样样都离不开现金。但实际上，年轻时更应该尽量多缴养老金。29 岁时以 6% 的回报率投资 1 美元，到 65

岁时就能产出 8 美元，而 53 岁时同样以 6% 的回报率投资 1 美元，到 65 岁只能产出 2 美元。为老年人筹集养老金最经济的方法肯定就是把这个担子压在 45 岁以下的劳动者身上。45 岁特别是 50 岁以后，为退休存钱只能产出微不足道的退休收入。退休前最后 10 年存钱的边际效用非常小，很可能大大小于把这笔钱花掉所能产生的满足价值。年轻时为退休投资的边际效用非常大，而"机会成本"则甚至更高。

无论白领还是蓝领，美国劳动者在应对这种两难困境时采用了一种非常理性的方法，但也是一种有可能削弱美国经济主要是养老金体系的方法。确实，劳动者不会反对增加退休养老金——唯一的条件是他们的现金收入增加至少能快到足以补偿要多缴的社会保障和养老基金缴费。常有人指出，直到 20 世纪 60 年代末期，美国众多生产企业雇员拿到手的工资没能以快于生产率提高的速度增加，所以这之前，没有通胀影响。但在 60 年代早期，总的工资成本的增长速度高于生产率的增长速度，其中一个原因就是医疗支出呈螺旋形上涨，而 60 年代前后开始的社会保障制度尤其是私人养老基金缴费的持续增加则是一个同等重要的原因。至于这些开支由雇员自己支付还是由雇主替雇员支付并不重要，因为无论谁付，都属于"工资成本"。

20 世纪 70 年代初，由于大量的年轻人（20 世纪四五十年代"婴儿潮"的产物）涌入劳动力市场，工资成本不断增长的格局再一次加速形成。就如年轻人必然会做的那样，他们把自己的眼前需要放在了任何未来需要的前面。但同时，退休人数的急剧增加也导致了对大幅度增加社会保障和养老金准备的需求。

纽约市政府公务员养老金计划在很大程度上应该对这个城市的财政困境负责，并且最好（或者最坏）地反映了以上这种劳动力内部固有的紧张关系。我们可以轻巧地批评林赛市长与纽约市政府公务员工会联袂采取了代价如此高昂的解决方案，但是，林赛市长和工会领导人被夹在希望退休后能领到数目可观的养老金的老年工会会员和渴望并且需要尽可能多的现金收入的年轻雇员之间左右为难。鉴于纽约市当时的政治现实，结局可想而知：以超出纽约市财政支付能力的方式增加在职政府公务员的工资和对雇员养老金计划的投入。结果，纽约市政府公务员的工资成本在短短的几年里飞速上涨，导致整个经济承受了严重的通货膨胀压力。

因此，我们会产生一种年龄较小劳动者和年龄较大劳动者之间持续存在矛盾的感觉，这种感觉有可能被现金工资和养老金计划缴费两者的通胀性增长所缓解。但是，只要养老金支出持续增长，这种矛盾感就不会消失。同样，在职员工的现金需要与已经退休的前员工对养老金的需要之间也存在内在矛盾。

一般而言，人人都会赞成优厚的退休养老金待遇；但具体而言，几乎每个被雇用的劳动者，不论年龄，都会反对多缴费赡养老年退休人员。如果劳动者收入增加，同时要多缴税或者多付用于支付养老金账单的社会保障费和养老基金缴费，那么，他们肯定希望现金工资至少能有补偿性增加，以弥补多缴的税金和多付的社会保障和养老基金缴费。而结果还是导致通胀性压力以及不同社会群体之间矛盾的加剧。

年龄较小劳动者和较大劳动者之间的矛盾以及在职员工和退休人员

之间的矛盾不可能消除，它们是人口统计数字的变化的结果，也是因大众寿命延长而必须承担的成本，但不一定就会像今天这样因为养老金制度而加剧。实际上，它们完全能够变得更加可以接受。

美国今天的养老金制度仍然反映了四五十年前美国的现实，也就是20 世纪 20 年代中期社会保障概念首次提出以及 1935 年社会保障制度实际创建时的现实。

20 世纪 20 年代中期，第一次提出社会保障的概念时，美国白人男性（美国家庭主要的"养家糊口者"）出生时的预期寿命是 55 岁，青壮年时期（不包括早逝的男婴）的预期寿命是 58 岁，而 65 岁年龄段的预期寿命又增加了 3 岁，或者说是 68 岁。到了 1935 年推行社会保障制度时，以上不同年龄段男性白人的预期寿命分别是 59 岁、62 岁和 70 岁。1975 年，这些年龄段男性白人的预期寿命分别是 69 岁、74 岁和 80 岁；而 65 岁年龄段女性白人的预期寿命从 50 年前的 69 岁或者 70 岁增加到 1975 年的 84 岁。虽然美国青年中黑人的预期寿命仍然低于同年龄段的白人——25 岁年龄段的预期寿命是 68 岁，但是，65 岁年龄段的黑人，不论男女，预期寿命都已经达到同年龄段白人的相同水平，而 65 岁以上年龄段黑人的预期寿命比同年龄段的白人还长。

在 20 世纪 20 年代中期，65 岁的退休年龄比蓝领工人可望活到的年龄还要长 10 岁，而如今 65 岁的退休年龄已经比蓝领工人的预期寿命短了 15 年。

20 世纪 30 年代中期，推行社会保障制度时，美国正处在严重的大萧条中。因此，最初实行社会保障的首要目标并不是照顾老年人，而是解决劳动力过剩问题和为需要供养妻儿的年轻人提供就业机会。劳动者到了 65 岁，无论身体状况如何或者是否愿意，都必须完全停止工作，否则就要受到社会保障制度的严厉惩罚。后来，私人养老金计划不可思议地复制了社会保障制度的年龄限制和强制退休规定。

如今，由于美国人的预期寿命不断延长，健康状况不断改善，与四五十年前相比，现在的工作对体力的要求和对身体的伤害变得越来越小，因此，现在的 65 岁就相当于过去 53 岁或者人生的中年。需要拄着拐杖走路的老人虽然不能下地摘棉花，但完全可以胜任电话接线员、销售分析师、州公路局工程师甚至卡车司机的工作。由于老年人口快速增加，而"生产性"劳动人口增长较慢，因此，今天我们必须要做的就是要减轻劳动人口赡养老年人口的负担。

但是，我们这个完全刚性的制度到目前为止允许的唯一重要例外就是"提前退休"。出于人道和经济的原因，我们也非常需要一种"推迟退休"政策——一种既允许劳动者在有提前退休愿望时能够提前退休但又准许劳动者选择继续工作的政策。强制劳动者在达到平均预期死亡年龄（72 岁左右）以前退休的做法是站不住脚的，甚至也是不合时宜的。尽管如此，我们的社会保障制度就是不允许年龄没到 72 岁的男性退休人员去挣除了几个小钱外的任何收入，违者（即使已经缴纳了全部社会保险费，另外必须就退休后挣到的任何收入缴纳社会保险税）也将失去享受全部或者大部分社会保障收益的权利。私人养老金计划虽然不处罚退休后挣"外快"的退休人员（不分性别），但仍规定不得为提供他们养老金计划的雇主服务，而且甚至比社会保障还要不鼓励到退休年龄后继续工作。在过去的几年里，社会保障法修订后规定，到退休年龄后继续工作但不领取社会保障金者，将来可享受略好一点的社会保障待遇。政府公务员养老金计划，特别是一些市政府公务员养老金计划非常鼓励雇员提前退休，甚至并不提倡政府公务员工作到 65 岁再退休。

现在，我们需要的是制定考虑周全的政策来鼓励（如实际增加未来的退休收入）而不是处罚到了 65 岁仍继续工作的劳动者；如果他们在领取一定年限的养老金之前去世，那么就应该保证向他们的继承人一次性支付一笔抚恤金（可称为"死亡抚恤金"）。到退休年龄继续工作挣钱并因此而牺牲部分他们应得的全额社会保障金的人，至少不必继续缴纳他们绝不会获得回报的社会保障税。这样做既不涉及保险精算问题，也没有不可克服的经济问题。例如，美国最大的行业性养老基金、前面提到过的教师保险与年金基金会（TIAA）规定了从 60 岁开始可行使的"提前退休选择权"，但没有规定基金会会员必须退休并开始领取养老金的强制退休年龄。通过推迟领取养老金，基金会会员就能增加最终领到的养老金总额。尽管如此，美国教师保险与年金基金会的养老金成本并不比大部分企业养老金计划的成本高。

即使美国国会立法为自我雇用者创立的养老金计划（"基奥"计划）也允许（这与美国社会保障和大部分私人养老金计划的规定形成了鲜明的对照）参加者推迟到 75 岁领取养老金，而且并不会对边领取年金边赚"外快"的退休人员进行惩罚。

我们有充分的理由要求大型组织（无论是企业、工会、军队、大学还是政府）的负责人到了强制规定的年龄就马上下台，因为他们的体力、脑力甚或变革反应能力的衰退有可能造成灾难性的后果。老年人常常意识不到自己早期的衰老，等到他们有所感觉时已到晚期。然而，如果患者是"老板"，那么，没人能够迫使上了年纪的最高领导人让位。只有强制性退休规定才能做到这一点。我们也有充分的理由经常组织领导人接受全面的体检，以确保这些在体力或者脑力衰退会危及他人工作的人始终能够胜任工作。尽管高层领导人到了强制退休年龄必须离开工作岗位，但是，如果他们从事其他工作，如重做私人律师，当咨询顾问，自己创业经营小企业或者负责商会管理工作，我们就没有理由禁止或者处罚他们。同样，对于那些不再能够继续从事对体力或脑力有高要求工作的人，我们也没有理由禁止或处罚他们在退休以后从事他们能够胜任的其他工作。通过允许劳动者到了法定退休年龄（当然超过现在规定的 65 岁）后继续工作，并且不剥夺他们享有的养老金领取权利，我们就能减轻退休养老金压力，并且随之减轻年龄较小的劳动人口的负担。

特别是在劳动力短缺的时候，我们还应该允许选择提前退休的人员重回劳动力市场，特别是重新回到他们的前雇主那里工作。等他们重新工作以后，也许应该暂停或者减少支付退休养老金，但应该完全保留他们享有养老金的权利。很多人表示他们希望提前退休，但也有很多人在退休后不久就发现自己真正需要的是一个长假，并且非常渴望重新工作——主要并不是为了收入，而是为了心理满足、工友之间的友情和工作刺激等。

如今，由于失业率居高不下，最后一波"婴儿潮"时期出生的婴儿也开始进入劳动力市场，因此，以上我们的种种设想听起来就像天方夜谭。不过，实施这些设想的时间很快就会到来，也就是在 20 世纪 80 年代初。到那时候，新增劳动力造成的就业压力肯定会大幅度减轻（除非到时候发生大萧条）；而与此同时，年轻雇员反对不断增加养老金缴费的情绪必然会日益高涨。如果工会至今仍然沉湎在 20 世纪 30 年代的往事中不能醒悟，依然一味地反对这样的变革，那么很快就会发现其他替代方案甚至更加不合它们的胃口。"日本式养老保障制度"正在不断扩散，它允许退休人员在领取养老金的同时以低得多的工资到别处工作，从而打破了职工全员参加工会的体制。美国的建筑行业正在发生这种变化，全美建筑业非工会会员劳动者从事着不是由工会介绍的工作，但他们依然没有因此而成为"局外人"。他们人数众多，都是已经退休的工会会员，一边享受着某个私人养老金计划提供的福利，一边在为某个与工会没有关系的承包商工作赚取较少的收入。

不过，我们还必须解决年轻劳动者眼前的现金需要以及年轻时支付养老基金缴费能享受好处之间的矛盾。这样的矛盾会因为养老金的高成本而导致这些年轻劳动者试图推迟到中年再支付养老金缴费。这样做当然会大大减少他们退休后的养老金收入，而且还会激化年轻雇员和老年雇员之间的紧张关系，进而导致经常性的通货膨胀压力。

既然，雇员的养老金保留权必须在工作 10 年后才能享受，有必要实行一种授信制度，采用类似于按揭贷款的方式使年轻雇员为他的养老基金账户支付相当大部分的缴费，等他们退休后再以养老金的形式偿还他们。生存风险可以借助于团体人寿保险来解决，大多数参加养老金计划的员工都会以某种方式参加团体人寿保险。为养老保险机制设计这样一种计划，可是金融业非常需要的一种创新——鉴于独创性低、操作难度不大，因此，养老基金自己也很可能完成这项任务。

只要能使自己的养老金支付与自己家庭的生命周期相吻合，那么养老金计划几乎就有了取得成功的保证。年轻雇员往往都明白"缴费越早、越多，对自己就越有利"，因为"复利"并不是什么难以理解的概念。其实，一旦有这样的机会，只要稍加激励，雇员们都会利用这样的机会。非政府、非营利机构（如私立大学或社区医院）的雇员，可以根据税法规定的所谓"选项Ⅲ"和"选项Ⅳ"，向自己的养老金账户多打一份钱，而对这部分钱可以延期缴纳所得税。这些选项规定非常复杂，因此就连税务会计师也不总能完全理解。不管怎样，这两个选项已经有很多人在选用，并且很受年龄为35～45岁的高校中青年教师的欢迎。可是，高校中青年教师薪水往往很低，他们的现金需求与所有的年轻家庭一样旺盛，即使利用税法规定的选项，对于他们这个档次的所得，节税也确实非常有限。

即使根据目前的预期寿命和健康预期来调整法定退休年龄，提高退休计划的灵活性，并且鼓励劳动者在最有利的时候尽早多付养老金缴费，我们也无法消除基本的人口统计数字的变化带来的问题。越来越多的人寿命越来越长，这就意味着赡养比的提高以及在职人员赡养负担的加重。不管怎样，美国的养老金领取者和劳动人口比已经达到1∶2.5，这是不计后果地实行刚性制度的结果。现行政策废弃很多健康的人不用，而且不管他们是否愿意在一个还有几十年预期寿命和健康预期的年龄上"退休"。这种政策反映了一种不计后果的残忍。我们至少可以把赡养比降低到 1∶3，甚至能够把赡养比进一步降低到 1∶4。

这样，我们就能增加很多老年人（包括实际退休以及退休后仍在做全职或兼职工作的老年人）的收入，并且把劳动人口要承担的养老金负担控制在他们收入 25% 的水平上，甚至实际降低得更多（大概从现在雇员平均收入的 19%～20% 降低到 15%）。与此同时，我们还能够显著提高养老金的"生产率"。以上这些变化有可能产生很好的经济效益，但最大的好处是提高老年人的独立性和尊严，并且缓和与他们有关的社会关系的紧张程度。

其实，老年退休人员**内部**同样也存在着严重的矛盾。令人奇怪的是，在这个喜欢数字的国家里，竟然没人真正知道有多少人除了社会保障外还参加了养老金计划，他们退休后能领到多少养老金。更令我们感到奇怪的是，到目前为止居然没有人把这些可获得的个人数字换算成家庭或全家人的收入——这才是唯一有意义的数据。不过，我们可以肯定的是（除非持续发生严重的通货膨胀），从 20 世纪 80 年代初开始，随着私人养老金计划日臻成熟，在达到退休年龄的劳动人口中，约有一半人可望获得相当于家庭主要养家糊口者退休前 60% 以上的家庭收入，其中包括私人养老金计划和社会保障发放的养老金，私人养老金计划发放的养老金又要占到养老金总额的一半以上。这份退休收入算不上丰厚，但过日子还是绰绰有余的。除这个退休人员群体外，还有一个人数较少的退休人员群体，这个群体的人数最多占退休人员总数的 1/5。他们退休后也不但可以领取社会保障金，而且还有养老基金发放的养老

金来"锦上添花",因此,他们总的退休收入也要相当于退休前收入的45%～50%。⊖

以上两个群体大概占退休人口的比例为2/3～3/4,只要家庭社会保障金和私人养老金的主要领取者(几乎都是丈夫)健在,他们至少能够过上比较宽裕的晚年生活。只要不发生严重的通货膨胀,他们虽然不会有余钱或者积蓄,但应该能过得不错。

另一个群体(占退休人口的1/5～1/4)退休后只有社会保障金收入。在他们中间,虽然有人从其他来源赚到一些收入,但也不会对他们的退休生活带来多大的变化。因此,他们的收入最多只够维持温饱。他们中间有很多人在退休前从事一些工资很低的不稳定工作,因此退休后只能领到很低的社会保障金。所以,他们会觉得(譬如说)支付老年医疗保险附加保费也是一个实际负担。

第四个群体人数很少,占退休人口的比例还不到1/10。他们没有一点退休福利,他们当中有小一部分人基本上就靠大城市的社会福利度日,按照现行标准还能受到相当好的照顾。不过,这个群体的其他成员没有收入或者几乎没有收入,他们不是长期疾病缠身就是严重残疾,家里挣钱养活他们的人都是一些既没有参加自我雇用者养老金计划也没有积蓄的农民、手艺人或者小店主,或者由于需要照顾年迈的父母而从未外出工作的单身女人。实际上,他们过着与过去大多数老人一样的贫

⊖ 这些数值已经考虑社会保险金全额免税,私人养老金计划发放的养老金至少部分免税。因此,退休收入应该与税后和扣除社会保险费后的退休前收入比较。有关老年人收入的已公布数据没有根据退休前后不同的税收待遇进行调整。

困生活。这个老年人群体提出了一个不是养老金制度所能解决的"社会福利"问题，因此，这个问题也不应该指望养老金制度来解决。这个群体的很多成员还疾病缠身、心理失常、孤独甚至绝望。但是，在一个富裕、高效的社会里，他们虽然只能作为"福利救济对象"，而不是"养老金领取者"，但至少在经济上应该得到帮助。

其实，工作时工资少得可怜、退休后社会保障金又低的第三个群体提出了真正的养老金制度问题。"养老金变革"、推迟退休奖励、养老金准备和养老金保留权等方面对老年人口中的"无产阶级"帮助不大。毕竟，他们在工作时是一些"边缘劳动者"，而退休后又成了"边缘养老金领取者"。

除了以上各不同老年人群体，还有一个同时领取最高社会保障金和最高私人养老金的"富人"群体，他们构成了退休老年人口的多数，而且因知识渊博又有高技能和高社会流动性而很可能有不少积蓄，并且还能继续赚取额外收入。因此，他们的存在只会恶化以上不同群体之间的关系。这些"富人"肯定认为他们是靠自己取得了今天的地位，他们确实为此付出过代价。当然，他们中的大多数人是在与"老年无产阶级"比较以后才成为"富人"的。他们的绝对收入只能算中等水平，并且远远低于他们工作时的收入。但是，现在居然要他们资助"无产阶级"，因为在社会保障制度下，低工资收入者相对于他们的缴费而言能领取高出很多的社会保障金，而高工资收入者则只能领到相对少很多的社会保障金。

但是，"无产者"只看到自己领到比富人少而且少很多，也比维持温饱的收入少很多的社会保障金。他们会觉得美国这个老龄化社会存在严重的收入分配不公问题。这个老年"无产者"群体虽然在人数上属于不成比例的少数（主要是一些遗孀，而且是黑人、波多黎各人和西班牙裔美国人等少数种族成员占据相对多数），但也不能忽视。

这是一个钱的问题，但也是一个公正的问题（而不是简单的经济问题），一个如何兼顾不同老年群体"权利"的问题，也就是说这不是一个在养老金制度（无论是私人养老金计划还是社会保障）框架下能够解决的问题。把"老年无产者"（曾经的"在职穷人"）的晚年收入提高到最低标准（譬如说一个两人家庭的"最低收入标准"）以上所需要的那点不多的资金必须由一般税收来出，而他们的晚年收入应该作为"福利"而不是保险金或者养老金发放。这是一个采用所谓的"对收入低于法定标准的联邦补助"可以解决或者至少可以缓解的问题，其成本也可以管理。

养老基金社会化带来的经济问题

早在 20 世纪 20 年代，也就是凯恩斯主义席卷经济学界以前，一门在欧洲特别受欢迎的大学课程叫"社会化问题"。人们关注的"社会化经济问题"的核心是"市场社会化"[⊖]条件下的资本的形成和资本的配

⊖ 这个领域最著名的思想家和作者是波兰经济学家奥斯卡·朗格（Ascar Lange）。纳粹
    入侵波兰后，他曾在芝加哥大学执教多年，后来回到波兰生活直到去世。波兰政府
    虽然没有难为他，但限制了他的言论自由。

置。这些被长期遗忘的问题今天再次浮出水面，甚至正在成为社会的核心问题，像美国社会一样，在没有把生产资料收为国有的情况下，实现了生产资料的"社会化"。

当通用汽车公司在 1950 年前后开始创建养老基金时，纽约股票交易所刚宣布了一个所谓的"人民的资本主义"计划，旨在通过华尔街的资本市场机制让美国的绝大多数挣工资的人成为"资本家"和普通股股东。这项计划永远不可能取得成功，任何大众市场（如像纽约股票交易所这样做证券交易的市场）都需要商人：为顾客服务的消息灵通的买家。大众市场需要中间商，而纽约股票交易所希望大众市场的消费者能够直接从"生产商"，即通过股票交易所，购买股票，这种想法从一开始就是天真的。不过，在 1950 年那个时候，这样的天真想法似乎也不是不可能。

到了 25 年以后的今天，"人民的资本主义"变成了"养老基金社会化"。与纽约股票交易所的希望相比，更多的美国人变成了"普通股股东"，或者更确切地说，变成了法律意义上的"优先股股东"。不过，美国的这个资本市场并不是华尔街，而是现在的各种养老基金。受"结构性废弃"的影响，华尔街已经陷入了低迷的状态。

纽约股票交易所的"人民的资本主义"计划曾设想，在这个资本市场中将有数以百万计的个人决策者：普通股个人买家和卖家。但是，今天的美国资本市场由 1000～1500 只大公司的养老基金主宰。在美国，这些大公司的养老基金往往既是负责养老金管理的"福利管理人"，又是负责投资的"理财经理"。（在其他国家，这两个角色往往是严格分离的。）但即使在美国，日常投资决策通常也委托给一个人数更少的群体——几百个"资产经理"团队：一些主要集中在大银行和保险公司的经济学家、金融分析师和投资组合经理。

对"经济权力过度集中"的抱怨是一种对美国经济发生的任何结构性变化的条件反应，在华尔街早就能听到关于新的资本市场结构的传闻，而且这种传闻很快就会经由形形色色的"民粹主义者"（无论是消费者至上者还是政府规制部门）出现在媒体上和国会里。不过，我们完全可以把它们作为与事实不相干的东西不予理睬。美国资本市场上的决策者在人数上仍然远远超过任何其他发达国家资本市场的决策者。例如，德国的资本市场依靠 3 个决策者，即 3 家大银行运行良好，这 3 家大银行做的交易要占到德国资本市场全部交易的 4/5 以上。日本资本市场的决策者也大多是一些大机构，即所谓的"城市银行"，在数量上并不比德国多多少。

总之，美国"资产经理"的资本市场，现在缺乏并将继续缺乏"集中"的这个特点，即新来者进入困难。在美国想成为"资产经理"，几乎没有资本要求。只要有养老基金管理人愿意委托他们管理部分基金，只要赢得某个大资产管理机构的信任，并且掌握一点养老基金知识，那么几乎任何人都可以开张营业。

事实上，今天的美国资产管理业饱受"过度竞争"之苦。这个行业的竞争已经变得非常激烈，而且变化无常，以至于从业者竞相许诺"战胜市场"和"击败通货膨胀"这样的奇迹。无论是"战胜市场"还是"击败通货膨胀"，当然都是不可能的。养老基金不可能"战胜市场"，因为它们就是市场。事到如今，过去 10 年的历史应该已经告诉即便是最轻信的人：没有人能够击败通货膨胀。[⊖] 通货膨胀会剥夺除政府这个万能的债务人以外每一个人的财富。但由于资产经理招徕养老基金业务的能力严重依赖于他们的奇迹许诺，因此，他们倾向于注重短期效益：未来 90 天，或许是股票市场的下一波上涨或者下跌行情。但根据定义，养老基金应该注重长期绩效。因此，养老基金管理为了取得实际绩效而需要制定和实施长期战略。一个得到无数次证明的公理告诉我们，一系列的短期策略无论多么出色，都不可能叠加成一项成功的长期战略。

即便美国真的存在"经济权力过度集中"这样的问题，资本市场朝着养老基金及其资产经理的转向所带来的真正问题也是一个远比"经济权力过度集中"更加严重的问题。资本市场的决策权实际从"企业家"转移到了"托管人"手中，从被认为投资未来的人那里转移到那些必须遵循"谨慎人原则"的人手中，这样实际上就意味着投资于过去的业绩。这样就存在新创企业、创立不久的企业、小企业、成长型企业因得不到融资而夭折的危险。而且，在我们急需新企业（无论是基于技术或者致力于把社会和经济需要转化为商机的新企业）的时候，这种危机就会不请自到。不管美国经济增长与否，我们要面对第二次世界大战结束后创建的新企业迅速老化的问题。如果美国经济停止增长，那么，现有企业的报废率以及因此而产生的发现和资助新企业的需要甚至会变得更多或者更大。经济停止增长就意味着市场萧条，而所有日趋衰退的企业

⊖　即使持有黄金，似乎也不可能击败通货膨胀。笔者甚至怀疑即使收藏毕加索的作品也无法战胜通货膨胀。

和行业要承受更大的压力。

但是，我们现在正在组建一个完全没有能力满足创业资本需要的资本市场。作为"谨慎投资人"和"托管人"的养老基金资产经理不但被禁止进行创业投资，而且就气质而言，他们根本就不是做这项工作的合适人选。投资于已有企业和投资于新创企业需要完全不同的技能，并且遵守截然不同的投资规则。投资于已有企业的人实际上着力于风险最小化，他们会投资于业已形成的趋势和市场以及效果已被证明的技术和已经取得的管理业绩；而创业投资者必须最大限度地投资于机会，而不太关注风险。为了取得最后的成功，他们必须在投资前就有心理准备：10个创业投资项目7个会出问题，并且必然会遭受损失，只不过是多少而已。在剩下的3个项目中，2个可能不会太差，但最多也只能弥补7个出问题项目所造成的亏损。也许只有1个项目（而且失败概率也很高）能够成为"明星"，如新的施乐公司、IBM或者麦当劳连锁店。而且，我们也无法事先评判这10个创业投资项目中哪些可能成功，哪些会失败。进行再多的分析或者"研究"也无济于事，因为没人能够分析或者研究某种还不存在的东西，某种还只是希望而不是绩效的东西。创业本领不在于"选择投资"，而在于知晓尽早放弃那些不成功的项目，并全力推动和支持那些虽然经历了初始挫折但看起来"不错"的项目。

成长型小企业的问题不仅不同于新创企业和创立不久的企业遇到的问题，而且也与已有大企业或者相当规模的企业的问题不同。它们要求不同的投资策略、不同的管理关系以及对企业财务状况、管理和发展动态的不同理解。

养老基金"托管人"即使知道如何做好新企业和小企业投资，也无权进行这样的投资。但是，如果没有这样的投资，经济就会僵化。因此，我们需要新的资本市场机构，专门向新创企业、创立不久的企业和成长型企业提供它们所需要的资本（和管理指导），而且还能充当适合财产受托人（资产经理受托人）的投资工具。这样的资本市场机构不但能够提供资产经理非常需要的基准信息——过去5～10年已被证明的"业绩纪录"，同时还能把创业投资必然包含的成功和不成功项目混合整合在他们的资产组合中，从而赋予资产经理可利用的投资工具。

我们现在还不了解这样的资本市场机构。欧洲一些领先的商业银行，如德国的德意志银行，100多年前就已经开始充当这样的金融创业家；在两次世界大战之间，英国的联合控制公司（United Dominion Corporation）成功地扮演了类似的角色。在美国，乔治斯·多里奥特（Georges Doriot）曾在哈佛商学院担任制造专业教授多年，他在第二次世界大战前就创建了现在被称为"美国研发公司"（American Research and Development Corporation）的企业——25年以后在波士顿地区雨后春笋般出现的很多"高技术"企业的鼻祖或至少是先驱。

现在，不管怎样，我们必须有条不紊地创建这样的创业投资机构来为美国经济和新的养老基金资本市场服务。首先，我们必须代表大型养老基金承诺把一小部分但意义重大的养老基金资产（大概10%）投资于这样的创业投资机构。迄今为止，养老基金管理界仍然满足于预测半年后的股市走向。

对资本形成的侵蚀

存入个人养老金账户的资金代表着属于个人的"储蓄"，但是，这并不是"资本形成"，而是一种会减弱消费者购买力并将其转移给退休人员的"转移性支付"。当然，退休人员差不多会把它们全部花在消费上。

社会保障缴费从一开始就是一种纯粹的"转移性支付"。存入社会保障账户的每一分钱都立刻就会被作为政府支出划出。被社会保障机构称为"准备金"的其实只是一些政府机关为它们花掉的钱写下的欠条。

企业养老基金已经在形成资本，并且还会继续下去。到目前为止，养老基金吸纳的钱要远远多于养老金的支出，盈余部分通常就成了"生产性投资"。但是，任何养老基金都必然要在30～40年或者更短时间里实现收支平衡。养老基金设立时最年轻的雇员到那时接近退休年龄，从而会变成一个"灾难"。在过去的10年或者15年（企业养老基金生命力旺盛期）里，企业养老基金是美国两个真正的资本形成机制之一，只有工业企业的留存收益能与其媲美。在未来的10年里，它们仍将会（但以递减的速度）形成资本，每年能形成不超过200亿美元或者相当于个人收入1%～2%的资本。最迟到1990年，虽然企业养老基金的总资产仍然会增加，但养老基金本身将会变成转移性支付机制。

到了那个时候，企业养老基金确实有可能出现负的资本形成。随着越来越多的受益人到达退休年龄，并且开始享受退休福利，企业养老基金将越来越需要现金收入，而不是资本收益。换句话说，它们需要股息，并且迫使它们拥有的企业增加分红，减少收益留存，随之减少资本形成。众所周知，在发达国家中，除了加拿大，美国经济的"实际储蓄率"（资本形成）是最低的。⊖对这个明显的悖论的解释是，被个人视为"储蓄"的东西，从经济的角度讲，却大多是"消费"，或者充其量是"伪储蓄"。

造成美国所谓的高个人储蓄率、低经济储蓄率的一个原因，就是美国的高住房标准和高住房自有率。住房虽然是个人"资产"，但从经济的角度看却是"耐用消费品"，而不是"生产性投资"。住房有抵换价值，但没有"创造财富的能力"，因为它不是"资本"。造成美国高个人储蓄率、低经济储蓄率的另一个原因，就是社会保险缴费现在要占到工资收入的 10%（再加上雇员 65 岁后由雇主和雇员共同缴纳的 2% 的医疗保险费）。社会保险费和医疗保险费对于个人来说是"储蓄"，而对于整个经济来说则是"转移性支付"。而私人养老金计划又要占去工资收入的 7%～9%，其中的 2% 在今天仍然代表真正的"储蓄"和资本形成，但这种情形不会持续很久。

总的来说，美国的"个人储蓄率"（包括住房）接近个人收入的 30%。这就是个人所认为的储蓄，并且还包括房贷按揭以及社会保障、人寿保

⊖　美国可用于投资的储蓄率实际低于所报告的占个人收入的 7.5%～9%，因为美国曾在 40 年里用自己的储蓄去弥补加拿大的储蓄缺口。大约有 1/6 的美国储蓄或者 1%～1.5% 的美国个人收入被用来投资于加拿大，并且为加拿大创造了就业机会，而没有投资于美国国内。虽然加拿大的投资需要大于美国，但是，由于加拿大政府长期实行以牺牲储蓄为代价的促进消费的政策，因此，加拿大的储蓄率被人为地维持在低水平上。今天，加拿大有很多人在议论"限制"或者"排斥"美国投资。加拿大真正的经济问题将肯定是如何防止美国投资急剧减少，因为美国主要是由于养老基金社会化而将遭遇长期的资本短缺。加拿大（就像美国）有很多财务资源可用来大幅度增加个人储蓄。但到目前为止，它既没有政治意愿又缺乏必要的资本市场机制来做到这一点。

险和私人养老金计划缴费。经济学家认为的 7%～9% 的 "个人储蓄率"，把由雇员个人或者替个人支付的养老金计划缴费也包括在内，这笔缴费也要接近个人收入的 7%～9%。因此，真正的个人储蓄率接近于 0，这样就只剩下企业的留存收益可用于资本投资，资本投资已经从它们的最高点跌到了占国民生产总值 3%～4% 的水平。企业的税后总收益在效益很好的年份也就占到国民生产总值的 5%，毕竟另外还要支付股息。但是，3%～4% 的资本形成率还远远不够资本重置，更不用说增加资本存量了。

但是，我们正处在一个急需大量新增资本的时期：开发能源、保护环境、修建需要大量资本的铁路网、改造内城都需要资本，而为解决世界粮食问题而提高农业生产率也同样需要资本。在未来 5 年里，我们每年还要创造 100 万～150 万个工作岗位才能满足 20 世纪 50 年代 "婴儿潮" 时期出生的 "婴儿" 的就业需求。美国经济每创造一个工作岗位，平均需要 4 万～10 万美元甚至更多的资本投资。

人口统计数字的变化（而不是养老基金）才是问题的根源所在。现在，每 3 个工作年龄的美国人就要供养 1 个老年人——退休人员或者 "幸存者"。如果花在赡养老年人口上的资金可用于真正的资本形成，那么，问题就能迎刃而解。事实上，按照现在的 "个人储蓄率" 或者 "伪储蓄率"，我们很可能 "储蓄过度"。虽然养老基金不是资本短缺的成因，但资本形成将是养老基金社会化的一个基本的、持久的问题。的确，资本形成可能只是养老基金社会化的经济问题，因为认为社会保障和养老金计划缴费是 "储蓄" 的观点相当可理解地趋向于大幅度降低经济的总储蓄倾向，从而产生一种持久的 "储蓄不足" 倾向，而不是被凯恩斯及其信徒视为发达"资本主义"经济体正常倾向的"储蓄过剩"。我们在这里说的"储蓄不足"也截然不同于古典学派经济学家所说的"储蓄不足"，因为他们所说的"储蓄"始终是指"个人储蓄"。

　　养老基金会产生巨大的理论和实践影响，但到现在为止似乎还没有人认真考虑过这个问题，而倒是有一些人愚蠢地对养老基金及其结果心满意足。养老基金的理论影响虽然简单，但令人吃惊。如果养老基金社会化具有内在的储蓄不足倾向，那么，刺激消费的政策只能产生一个而且是唯一的结果：促成通货膨胀。这些刺激消费的政策无视经济状况：经济是陷入了萧条还是迎来了繁荣，资源是被闲置还是得到了高度利用，是存在失业还是实现了充分就业。唯一有效的经济政策，特别是在经济衰退时期，那就是能够真正促进资本形成的政策——能把资源从消费转化为生产性投资的政策。

　　其实，这并不是一个像听起来那么新奇的结论。伟大的奥地利裔美国经济学家约瑟夫·熊彼特（Joseph Schumpeter）先是在他 1918 年发表的论文"财政国家"（Fiscal State）中，后又在他后来的著述尤其是经典的《资本主义、社会主义与民主》（*Capitalism, Socialism and Democracy*）⊖中得出过这样的结论。最近，目前在哥伦比亚大学执教的加拿大经济学家罗伯特 A. 蒙代尔（Robert A. Mundell）基于他 20 年来对世界经济以及传统货币政策对价格和收入影响的研究也得出过非常类似的结论。⊜尽管如此，这仍是一个与前凯恩斯古典经济学以及现在

　　⊖　New York: Harper & Row, 1946.
　　⊜　请参阅 "The Mundell-Laffer Hypothesis," by Jude Wanniski, in *The Public Interest*, Spring 1975.

占据主导地位的凯恩斯主义和后凯恩斯主义（如米尔顿·弗里德曼）经济学充满争执的结论。这个结论没有像古典经济学那样采用认为市场力量会自动保持储蓄、消费和投资之间自调节型平衡的"萨伊定理"，但也同马克思主义经济学存在明显的差别，因为它把资本作为一种基本的"生产要素"，是**任何**经济体制（无论是穴居人、资本主义还是其他经济系统）的未来所需要的成本。这个结论也没有像凯恩斯主义经济学家或者弗里德曼那样认为，储蓄是一个"宏观经济"功能，如政府部门单方面操纵政府赤字或者货币供应量。这个结论更深层次的含义是：养老基金社会化在结构上不同于凯恩斯主义经济学中的"成熟资本主义经济"，而使这个结论与众不同的恰恰就是"个人储蓄"，在很大程度上由于养老基金机制带来的结果，不再是"资本基金"和"储蓄"，而是"转移性支付"和"消费"。

这个结论的实际影响同样变大。美国未来经济政策的核心问题必须是刺激真正的储蓄，以便获得能够达到占个人收入 12%～15% 的水平的较低的资本形成率。因为这个比率是维持经济需要的最低比率，如果要使经济增长，则需要的储蓄率最低要达到养老金的增长率。

只有 3 个途径能够实现这个目标。第一个途径就是增加个人储蓄，并且使个人储蓄率高于目前的"伪储蓄"（用于购买住房以及支付社会保障和私人养老金计划缴费的储蓄）。显然，这个途径可能是增加资本形成的最佳途径，从机构的角度看，这也是最简易的方法，因为养老基金是接收和处理追加储蓄的现成工具。按照现行规定，员工要工作满 10 年才能享受养老金保留权。员工一旦达到了行权阶段，那么就有一个属于他自己的个人养老金账户。我们应鼓励员工超标准缴费，把更多的收入存入个人养老金账户。

　　美国教师保险与年金基金会（TIAA）开创了这种方法，并且已经证实了它的可行性。任何持有 TIAA 年金账户的会员在任何时候都可以把个人追加缴费存入自己的账户，并且计入会员个人和雇主根据 TIAA 合同每年缴纳的年金。根据现行法律，多缴纳的缴费不能递延纳税，是用税后所得支付且一旦存入个人 TIAA 年金账户，就不能取回，也不能据此向 TIAA 借钱。多付的缴费一直要冻结到 TIAA 会员开始领取养老金，除非会员在这之前去世。即便如此，很多 TIAA 年金账户持有者仍然经常大量多缴年金。⊖

　　美国教师保险与年金基金会的经验表明，即使在通货膨胀时期，人们也有增加储蓄的意愿，或者说，我们可以轻而易举地激励人们增加储蓄。我们缺少的仅仅是激励储蓄的措施。事实上，在新凯恩斯主义的影响下，美国的经济政策几乎是反储蓄的，并且极力刺激消费。这样的经济政策再也不能被视为一种理性的政策，更谈不上是正确的政策了。

　　提高实际资本形成率的第二个途径是扩大资本（无论是利息支付还是企业利润的形式）占国民生产总值的份额。这是一种市场力量驱使我们采用的解决方法。在养老基金社会化条件下，资本成本无论如何都倾向于上涨。随着"储蓄"被转化为"转移性支付"，真正的资本（与货

⊖　美国教师保险与年金基金会并不公布相关数据，并且正确地把这些信息作为秘密来保守。对多家与 TIAA 签约的机构的教师进行的抽样调查显示，大多数教师从很年轻、薪水很低时就**经常**多缴纳金额可观的缴费存入个人 TIAA 账户。调查还表明，很多参加 TIAA 的医院雇员虽然收入常常要比高校教师低，但也经常多付 TIAA 缴费。

币一起）必然会变得越来越贵。但是，从政治角度看，这是一种有难度的解决方法，而且还会是一个痛苦的方案，特别是对没有留存收益在企业内部产生基金的小企业或者新企业来说更加困难。当然，有一种能够达到同样目的，但麻烦较小的方法，就是取消或者大幅度降低资本形成税，即企业所得税。美国每年要征收多达 400 亿美元的企业所得税，只占美国联邦税收的 1/6。但是，这个金额相当于现在可实际用于资本形成的各种来源的**全部**资金。如果政府能够放弃企业所得税，那么，政府放弃的这部分税收大多将转化为资本投资。

第三个途径是实行强制性储蓄，就像苏联曾经课征的"营业税"，这种税收的税率实际相当于 50%～100% 的毛利润率，其实是一种旨在为苏联经济提供资本的消费税。这是一种不经济的资本形成方式，苏联企业的毛利润率必须数倍于市场经济国家企业的毛利润率，因此就意味着很低的资本生产率，当然也难与自由经济制度相容。只要政府持续维持在选民的控制之下，几乎就不可能获准形成资本。无论政府占用多少资金（除非是为期很短的战争时期），都会通过"转移支付"用于消费。如果我们不得不求助于强制性课税来形成我们所需要的最低水平的资本，那么，"分权型市场社会化"（与民主一起）就会遭遇失败，而私人养老基金体系也将随着它们一起分崩离析。但是，强制性的资本形成手段是在其他方法都无济于事的情况下不得不采用的最后一种方法。

迄今为止，我们几乎还没有思考能够增加资本形成以弥补实际"储蓄透支"的方法。美国的"负储蓄"是由养老金成本上涨导致的，而养老金成本的上涨是由老年退休人员人数的增加造成的，因为老年退休人员的消费必须靠在职员工的"伪储蓄"来提供资金。现在有一点可以说是确定无疑的，那就是资本形成的障碍和受到的惩罚是一个实施养老基金社会化的社会（和一个有很多退休老年人需要赡养的社会）几乎承受不起的"奢侈品"。混合采取激励储蓄、提高资本成本，还有（我们或许可以希望）减少税收以及减轻对资本形成的处罚等措施，应该是增加美国资本形成、解决储蓄透支问题的最有效办法，而预测我们必须采取什么行动，甚至预测我们是否能够并且及时采取明智的行动，都没有什么实际意义。

然而，我们可以明确地表示，在未来的若干年里，美国国内经济政策的核心问题必将是资本形成，而不是消费，而资本形成这个问题还必将迫使美国养老基金社会化的经济可行性乃至美国的自由制度经受严峻的考验。

养老基金社会化带来的政治问题

就像养老基金社会化激活了社会化的一些旧有"经济问题"那样，它也激活了社会化的一些旧有的"政治问题"，特别是自己和自治机构的治理和结构问题。因为，在任何"民主"的社会化下，这些问题都是必须承担的主要社会任务。

首先，是社会自治机构，尤其是企业这种社会自治机构及其管理层的责任、管理和合法性问题。

养老基金的出现最终导致了企业**传统的**"所有权"和"控制权"的

分离。自贝利（Berle）和米恩斯（Means）45 年前出版了他们具有开创性意义的著作⊖以来，所有权和控制权分离的问题便成了工业经济和后工业经济问题作者偏爱的研究主题。养老基金并不是"所有人"，而只是投资人，它们也不想掌握什么"控制权"。事实上，养老基金也没有资格行使控制权。养老基金是"受托管理人"，它们的工作就是把受益人的钱投放到最有利可图的领域。它们并不想"管理"企业。如果它们不喜欢哪家公司或者它的管理层，那么，它们的职责就是抛售这家公司的股票。例如，参加某家公司的董事会并且履行董事义务，是与"托管人"的职责不相容的。按照 1974 年《养老金改革法案》明确且严格的规定，养老基金管理人不得履行公司董事的职责。

然而，这样就造成了一个不知对谁负责的管理层，这是一种完全不能容忍的状况，⊜而且还成了有效管理的障碍。就像美国企业的新所有人（养老基金的未来受益人）以及美国社会那样，企业管理层及其管理的企业需要一个有效的董事会。企业管理层必须对一个代表真正"选民"的有效董事会负责。

大企业在治理过程中必须平衡它们所服务的主要利益方或"选民"：消费者、在职员工和正日益成为企业新所有人（养老基金受益人）的"投资人"之间的利益。在第二次世界大战结束后消费高涨的漫长岁月里，美国企业的管理层犯下了忽略消费者利益的错误，并且可能被指控

⊖　A. A. Berle and Gardner C. Means, *The Modern Corporation and Private Property* (New York: Harcourt Brace Jovanovich, 1932).

⊜　Chapter 52, "Needed, an Effective Board," in my recent book, *Management: Tasks, Respon-sibilities, Practices* (New York: Harper & Row, 1974).

供养了一帮投资人和员工，并且因此而被指控一味偏袒"生产者方的利益"。为了安抚劳方——这显然是社会希望并实际需要的，企业管理层心甘情愿地把因新技术、资本投资增加和生产率提高而新增加的财富**全部**都分给企业员工。随着员工从不断增大的"馅饼"中分得的份额的不断增大，劳方分得的国民收入份额稳步增长，而投资者的份额则持续减少，但速度比较缓慢，至少一直持续到 20 世纪 60 年末的通货膨胀年份。换句话说，企业管理层的策略就是偏袒"生产者的利益"。于是，唯一的问题是这两个生产者群体谁应该分得较多——几乎每次都是劳方多得。但是，消费者丝毫享受不到或者只能享受到很少的由资本投资增加或者新技术利用带来的生产率提高的好处。

当然，忽略消费者利益的责任也许应该算在工会领导人而不是企业管理层的头上。但从理论上讲，企业管理层明白他们应该做什么，但却没有做好：代表消费者的利益。第二次世界大战结束后，"整体营销观"成了企业管理界的一种时尚。整体营销观认为企业管理层首先应该代表消费者的利益，但很少有管理人员实践这种观点。从这个意义上讲，"消费者至上主义"可被视为公众的一种可想而知的反应，并且应该被看作（就像我曾多次强调的那样）"营销的耻辱"。

如果企业管理层现在仍不能为企业新"主人"这些选民（养老基金受益人）履行职责，那么，它们就会失去合法性，并且可以想见很快还会丧失自主性，最终会被置于在职员工和他们的工会这个有组织、有势力的利益集团的控制之下。不过，现在，工会没有能力控制企业管理层，也不可能被美国社会视为合法的管理权力中心。中央政府（社会政治破产的总接管人）迟早会被招来恢复平衡，这种平衡只能是意味着企业管理层自主权和决策权的丧失，并且转由政府及其代表来接手。

对于美国企业来说，每一份养老金合同都意味着一份社会责任，即为赡养原先的在职（现在的退休）员工创造足够多的盈余；对于美国企业的员工来说，就是要理解和支持企业管理层及其肩负的提高生产率的责任；而对于企业管理层来说，必须独自承担提高资源利用效率的责任。那么，企业管理层怎样才能赢得企业新所有人的理解并获得他们的必要支持呢？

为了保护自己的自主权，并且据此来保护新所有人，企业管理层必须与自己的新主人建立一种有效的关系，一起来抵制贪婪的政府，防范不利于经济增长、经济绩效或者企业新所有人未来收入保障的税收政策，并且还要反对（无论是政府还是工会促成的）通胀性政策直接侵蚀作为养老基金受益人的企业新所有人的长期利益。

同样重要的还有企业管理层现在面对的机遇。养老基金作为美国企业新所有人的出现，代表着一个恢复企业管理层合法性的独特机会。美国社会**将**承认养老基金是一种合法的"所有者"权益。与此同时，这些新所有人的利益和企业的利益是完全一致的，而企业的另外两个"选民"群体（企业的在职员工和顾客）的利益则未必与企业完全一致。

那么，怎样才能把企业及其新所有人之间的利益一致性转化为明确的机构现实呢？

作为机构的养老基金

我们创建的新机构（养老基金及其负责基金管理和投资"资产管理

机构"）必须有称职的管理层，并且使它们的管理层具有合法性。此外，它们必须代表养老基金受益人的利益，并且与养老基金受益人保持明确的关系。养老基金必须是自治机构，必须承担责任，必须能够与自己的"选民"（把自己的财产托付给养老基金管理的人）沟通交流。不然的话，就像几乎可以肯定地预见到的那样，关于养老基金的第一大"丑闻"将是政府监管养老基金的计划，最后是政府接管养老基金。但总的来说，企业养老基金和资产管理机构自身甚至还没有为承担自己应负的责任或者为自己赢得合法性做好组织上的准备。

这些新机构必须摆脱任何利益冲突的嫌疑，必须以为受益人而不是其他人服务为自己的立身之本。由于偶然的历史原因，今天大量的资产管理业务都集中在为数很少的商业银行手中，主要是纽约城的商业银行。这些商业银行的信托部管理着美国最大和最重要的企业养老基金资产，但这种业务充其量只能给银行带来非常有限的收益。用银行自己的话来说，只有五六家最大的商业银行在养老基金管理业务上赚钱，就连这么几家商业银行也是最近才刚开始赚钱的，而且赚得不多。但是，真正的问题并不是养老基金管理业务对于商业银行来说是否赚钱，而在于商业银行兼任养老基金资产管理人会把自己置于一种内在的利益冲突之中。

1970 年，宾州中央铁路公司（Penn Central）倒闭时，多家大银行，特别是纽约的大通曼哈顿（Chase Manhattan）银行受到了严厉的批评。据说，大通曼哈顿银行的信贷员把这家公司的危急状况告诉了该银行负责管理养老基金业务的信托部同事。于是，大通曼哈顿银行信托部随即就抛掉了其客户持有的宾州中央铁路公司股票，因而进行了"利用内部消息的交易"。为了确保这种事情不再发生，从事养老基金资产管理业务的大银行都在其商业贷款部门和信托部门之间都建立了严格的保密规则，以防止内部消息的任何"泄露"。但是，这样做银行又违反了比信息外露更加严重的守信义务。因为，作为受托人，银行（而不是银行的信托部）是法律意义上的缔约方——**必须**利用自己的知识来保护其信托人。倘若宾州中央铁路公司倒闭时，1974 年的《养老金改革法案》已经付诸实施，那么，商业银行要是了解铁路行业情况但又没有把这方面信息用于企业委托的养老基金管理业务，那是要承担后果严重的责任的：任何把自己的养老基金委托给这样的商业银行管理的企业都可以控告它们违反信托约定，并且要求它们支付巨额赔款。事实上，根据 1974 年的《养老金改革法案》，企业管理层很可能负有指控这样的银行的责任，或者自己承担巨额赔偿的责任。

总之，对于银行来说，既做商业银行业务又做资产管理业务是弊大于利，有可能引起其企业客户的猜疑。在 1973～1974 年"信贷紧缩"期间，很多企业财务主管都认为，在发放贷款（常常是关系到企业存亡的决策）时，银行会偏袒愿意把养老基金业务委托给自己的企业。银行断然否认这种说法，当然在大多数情况下银行可能是清白的，但受托人必须避免类似利益冲突的猜疑，否则就得不到信任。同样，纽约市的银行发现自己陷入了它们肩负的养老基金管理责任与它们在纽约 1975 年金融危机时期充当纽约市政府债券承销人之间的利益冲突，对于受托人来说，这也是一种两难的状况。

养老基金实在是太重要了，因此不能作为一种可以或应该交给商业银行管理的副业来经营。事实上，养老基金需要并且必须由独立的机构来管理，这种独立机构应该脱离商业银行、投资银行或者任何其他银行的业务。在加拿大，银行在很早以前就把信托业务交给了独立的信托公司来经营。信托公司仍然使用某家大商业银行的数据处理设施，但要用为了其自身需要本来就存在这家银行的存款来支付费用（资产管理机构要花很大的代价才能购置这样的数据处理设施）。这些信托公司是独立的法人企业，有自己的办公场所和经营管理人员。这种模式在美国很难推行，因为加拿大的信托公司只是一些实力、作用都非常有限的机构，而美国正在推行的养老基金社会化需要实力雄厚、作用巨大、竞争心强的资产管理机构。不管怎样，加拿大的信托业务管理例子表明，商业银行业务和信托业务可以在互不伤害的前提下分开经营。

由上可以预见，养老基金管理很快就会与商业银行业务分离。事实上，已有传闻说，美国的多家主要银行已经在研究如何和何时采取这个步骤。对于银行来说，与其等待政府强迫银行采取这一步骤，还不如自己主动明智地迈出这一步。不过，把养老基金交给独立自主的机构管理只是迈出了第一步，同样重要的还有养老基金自身应该根据问责和合法的原则来组建。

养老基金的权力、合法性和监管方面最棘手的问题，就是在"社会化问题"这门老课程中除了不切实际的希望外从未回答过的问题：如何保证养老基金资产的安全，防止贪婪的政府掠夺养老基金资产，把它装进自己的腰包并且为政府渎职买单？这个问题必然会成为美国养老基金社会化的核心问题。

　　事实上，政府已经在掠夺养老基金的资产。在 1975 年夏季给纽约市政府融资这场悲剧的第一幕戏中，纽约市政府的两个公务员养老基金经"劝说"购买了 1.25 亿美元纽约市政府新发行的债券。4 个星期以后，在这场悲剧的第二幕戏中，纽约市政府的另外 4 个公务员养老基金又被说服认购了 1.65 亿美元的市政债券。就这样，纽约市政府公务员养老基金先后总共认购了价值 7.5 亿美元的纽约市政债券。而到了 11 月，纽约市和纽约州政府的公务员养老基金发现自己总共认购了 300 亿美元价值可疑、无人问津的纽约市政府新发行的债券。就在前不久，也就是 1975 年 8 月，纽约市 2 个大区（总共有 5 个）的区长和市议会议长建议，通过紧急立法来强制在纽约市设立办事处的企业养老金计划用它们的资产来帮助纽约市政府偿还债务。这明显是一些信誉不佳的债务，实际上是一些几无希望偿还的债务。显然，这些政客没有想过每家有能力为它们还债的企业（也就是说，除旅馆和当地公用事业公司外的所有企业）都会迅速搬离纽约市，从而导致纽约市不可扭转地陷入终极崩溃。

　　社会保障系统之所以也陷入了严重的资金紧缺状态，主要是因为就像纽约市政府一样，社会保障系统是在发放"社会福利"，而不是在向退休人员或者参加社会保险的已故员工的遗孀发放社会保障养老金。难怪，某些国会工作人员和其他政府"专家"已经建议敲打私人养老基金帮助社会保障系统偿还"债务"，换句话说，就是掠夺私人养老基金来为政府弥补赤字买单。

　　很多企业（而且不只是一些国际性公司）可能会选择离开美国的方

式来回应这样的措施，把它们的美国企业改变成子公司。如果一家公司能把自己的总部从康涅狄格市中心搬到市郊，那么也完全可以把自己的总部搬到位于加拿大东部的爱德华王子岛或者比利时的布鲁塞尔。更多的企业可能会削减自己在美国的业务。如果到美国来开展业务就意味着企业的养老金资产被美国政府征用，而自己要欠美国雇员养老金负债，那么外国企业怎么还会愚蠢到美国来开展经营活动。要记住，经济现实本身并不能防范政府的贪婪和煽动。

我们不可能想出比强制性征用更加立竿见影的摧毁养老基金体系的办法，也不可能想出比强制性征用收效更快的导致未来靠养老金生活的人领不到他们今天缴纳的养老金的方法。当然，根据现行法律，养老基金的托管人倘若在纽约市政府濒临破产并且不愿采取必要措施恢复偿债能力时购买纽约市政债券，那么显然没有承担它们的法律责任；任何购买政府债券弥补社会保险赤字的人也同样没有承担自己的法律责任。以上行为都违反了养老基金管理人有法律义务遵守的谨慎管理人原则，而且几乎想象不出比这更加明显的违法行为。不管怎样，审议通过1974年《养老金改革法案》的美国国会也完全可以修改这一法案：一项要求养老基金把一定比例的资产投资于特定政府证券的看似无伤大雅的修正案，完全有可能得到大众的广泛支持，甚至得到这项修正案的主要受害人（未来养老金领取者）的广泛支持。

那么，如何能够防止这种情况发生呢？唯一有效的保障措施或许就是提高公众的警惕性，让美国的全体雇员尤其是工会真正懂得养老基金是他们**自己的**资产，养老基金资产对于他们自身的政治独立和经济保障至关重要。我们再重申一遍，增进对新所有人的理解和支持，是一个至关重要但仍未得到满足的需要。

需要的改革

企业和养老基金的当务之急是设立能够满足以下 3 个必要条件或者必须完成以下 3 个任务的董事会和托管人委员会：

（1）提供企业和养老基金必须具备的有效的监管和问责机构；

（2）提供"选民"尤其是企业的新"所有人"的代表；

（3）接触企业的新"所有人"（美国的雇员），并且获得他们的理解和支持。

第一步（而且仅仅是第一步）就是任命"职业"董事，让在公众中有声望、能力得到证明的人士（不分男女）参加董事会。这样，他们就能真正独立于企业管理层。⊖一个由职业董事主导的董事会不但有权，而且有明确的义务撤换不称职和业绩不达标的管理人员，因此能像代表以前的"所有人"（"资本家"）的以前的"董事"那样，行使相同的权力。

但除此之外，企业和养老基金还必须设立一个因找不到更好的名称而被笔者暂且称为"公众与社区关系委员会"的机构。也就是说，这个委员会应该充分、明确地代表像消费者和雇主以及未来新所有人（美国

⊖　就如笔者在《管理：使命、责任、实践》中所建议的那样，职业董事必须具备真才实学，年富力强，人数限制在四五个，待遇与高管相同，任期应该规定在 6 年左右。这样可以真正避免因任期太短、更换频繁而受制于企业管理层。职业董事还必须是全职董事，不从事其他工作或职业。

雇员）这样的真正"选民"。任一给定企业的养老基金都应归企业雇员所有；养老基金既要充当企业雇员托管人和理财经理的角色，又要拥有其他企业，而各大养老基金则集体拥有美国各大企业的一大部分股权。因此，公众与社区关系委员会必须充分代表雇员作为企业真正所有人的利益，而企业与养老基金也应该与这些企业所有人保持一种直接的关系。

这种公众与社区关系委员会看上去像是一项大胆的创新。其实，美国历史最悠久的"行业"性养老基金在 50 年前已经创建了这样的"公众与社区关系委员会"。从卡内基基金会（Canegie Foundation）于 20 世纪 20 年代初创立美国教师退休基金会起，美国教师保险与年金基金会就设立了一个由大学杰出的行政管理人员和经济学者组成的委员会，参加该委员会的行政管理人员和经济学者都由美国私立大学及其全体教师选举产生，并且代表他们行使委员会的权力。不过，美国的大多数企业管理人员仍然认为这样的委员会"远离现实"。

养老基金社会化之所以能够使企业管理层重新获得合法性成为可能，恰恰是因为养老基金社会化重新建立了一种真正、可靠的社会所有制关系。而这种所有制关系回过头来又要求对治理机构——董事会或者受托管理委员会，进行彻底地改组。

然而，这样的改组本身看上去多么彻底，仍不能满足以上提出的第三个或许也是最重要的条件：企业和养老基金应该能够接触企业的新所有人，并且争取他们的理解和支持。因此，我们需要的不只是机构变革，而是一种不亚于养老基金结构变革的全面改革。

从管理资产的方式来看，美国的养老基金绝大多数是"投资基金"，它们把自己的资产投资于美国经济。的确，就如通用汽车公司查尔斯·威尔逊25年前明确指出的那样，这是为一般养老金制度积累资金的唯一方式。即使我们把养老基金全部国有化，并且由政府独家管理，也不可能采用其他方式来为养老基金积累资金。如果每3个在职成年人就要赡养1个老年退休人员或者他们的遗属，那么，即使按照较低的生活标准，也必须以整个美国经济作为赡养的基础，要用扣除在职人员消费后的当期生产剩余来赡养老年退休人员及其遗属，换句话说，就是要动用美国企业的全部利润才能完成这个赡养任务。就这一点而言，苏联筹措退休人员养老金的方法与我们美国采用私人养老金计划筹措养老金的方式完全相同，就是采用通过"营业税"的方式征用企业利润来筹集养老金。

但是，对于大多数劳动者来说，养老金计划仍然是一种"年金计划"。按照美国绝大部分的现行养老金计划，无论养老基金资产所投资公司的利润率和这些公司证券在股票市场上的价格如何，每个退休员工保证能够按期领到一份固定的货币收入。通常，这份保证发放的收入是根据员工最后几年的工资来计算的，但会随着根据通货膨胀进行的调整而有所增加。

也就是说，如果股票价格下跌或者派息减少，那么，雇主就得为本企业的养老金计划支付一大笔养老金缴费。但是，无论是股价上涨还是派息增加，或者两者双双上扬，雇主就可以少付养老金缴费。这其实就是美国企业在20世纪50年代特别是60年代纷纷赞成采取通用汽车公司养老金计划的一个原因。在那些股市持续走高的年份里，人们普遍希望不断上涨的股市而不是企业能够提供养老金。然而，把一项年金计划建立在"投资基金"的基础上，从企业的角度看，是一项错误的政策，因为这种政策意味着：正是在经济萧条时期企业最不堪负担时就越需要缴纳养老金。当然，在过去的几年里，大多数美国企业已经领教过：一路走高的股市突然崩盘，企业的收入和利润大幅减少，而就在这时企业不得不多付养老基金缴费。

现行的年金计划制度同样也不利于美国经济。企业就是在经济不景气的时候最需要流动性、留存收益和投资能力；也恰恰是在经济不景气时，为了使经济复苏，企业最需要保持盈利，因为企业保持资本投资的能力在这时就成了关键。我们现行的养老金制度在经济不景气时大幅度降低企业保持资本投资的能力，而在经济繁荣应该实际减少投资时却会鼓励投资。现行养老金制度虽然完全不是故意所为，但实际加剧了商业周期波动。

对于雇员来说，现行的养老金制度也存在严重的缺陷。现行制度虽然完全通过"投资基金"，主要是通过股权投资来筹集资金，但却把退休预期建立在一种固定货币"年金"计划的基础上。首先，这种养老金制度不是雇员所想要的。雇员只要有以股权投资形式投资于经济的机会，就渴望自己利用这种机会。他们可能会错误地认为，长期投资于普通股，特别是投资于管理有方的公司的普通股，就优于投资于像债券或者抵押证券这样的固定收益工具。事实上，我们并没有这方面的确凿证据。不过，他们认为长期通货膨胀比长期通货紧缩更可能发生，普通股虽然不能完全免受通货膨胀或者通货紧缩的影响，但保护自己免受通货膨胀影响的能力稍强，这一点肯定没错。最重要的是，他们还相信，"所有人"的境况总要好于"债权人"（破产清算除外）。虽然这种观点有可能与新教伦理不相容，但是，美国以及东方或西方大多数国家的经济历史往往都支持这种观点。

以上事实之所以很少得到承认，在很大程度上是因为"雇员"一词虽然没有被等同于"劳工"，但常与"蓝领"工人混为一谈。也许，就像工会传统上坚持的那样，"劳工"不应该投资于普通股，但"劳工"自己并不同意这种观点。当然，养老基金参加者主要不是蓝领工人，更不是劳工。他们是美国的劳动力，如今蓝领工人只是美国劳动力中一个明显的少数群体，而且人数还在不断减少。1975 年，在美国 9000 万劳动力中，即使把农民也算在内，"蓝领"一族最多不超过 1/3；管理人员以及专业或技术人员大约占 2/5；另有占比 1/5 的技能高超、收入丰厚的手艺人。到 1985 年，蓝领群体人数将会大幅度减少。虽然 1975 年美国制造业就业人数仍几乎占到美国劳动人口的 1/4（23%），但到 20 世纪 80 年代末有可能减少到 15%。一些观察家甚至预言，美国制造业的就业人数将会减少到占美国劳动力 5% 的水平，大约与美国农民现在的占比持平。在未来的 10～15 年，管理人员、专业人员和技术人员几乎肯定会成为美国劳动力的多数群体。教育系统单独就能确保劳动力持续从无论是技能还是非技能型"体力劳动"向无论是技能还是非技能型"知识型工作"转移。

"知识工作者"已经在未来的养老基金受益人中间占据了多数，这些年龄在 35 岁或 40 岁的在职人员目前正在缴费赡养现在或未来几年依靠养老金生活的退休人员。就是这些未来的养老基金受益人与养老基金的业绩和安全关系最为密切。

这些参加了养老金计划的知识工作者的收入之所以倾向于远高于国民收入的平均值，只不过是因为收入最低的群体（1/5 最底层的处在工作年龄段的人口）除了最低限度地参加社会保障以外常常再没参加任何养老金计划。其实，在知识工作者中，高薪者只占极少数，因此，这个群体谈不上富有，也没有高超的理财素养。然而，与那些对"年金计划"一无所知的"劳工"甚或"机器操作工"相比，知识工作者无论在收入还是信息方面都确实具有明显的不同。再重复一遍，知识工作者这个被雇用者（或者自我雇用者）中产阶层，至少在美国已经表现出用自己的部分储蓄进行股权投资的明显偏好。这些人应该对他们最大资产（他们的未来养老金）的投资方式拥有一定的发言权，他们肯定应该享有直接投资其部分养老金准备的选择权，具体可以采用在专业化管理的投资组合中以他们个人名义开立投资账户的方式。

但是，雇员没有规避，事实上也不可能规避投资型养老基金或者说任何一般养老基金的下跌风险。在经济持续严重低迷的情况下，无论合同条款怎么规定，雇员的养老金收入都难免会减少。这样的话，美国经济就无法提供产品和服务来兑现其养老金承诺。要么承担固定养老金收入的购买力受到通货膨胀的侵蚀，要么必须就养老金合同进行重新谈判。如果我们每个人都对美国经济的收入拥有养老金索取权，那么，无论养老金合同规定怎样的罚则，任何人都不能规避美国经济和股市总体持续低迷的影响。在现行的养老金制度下，雇员必然要承担经济低迷的风险，但只能间接得益于经济增长，甚至完全不能享受经济增长带来的好处。如果经济景气，雇员的养老金收入就有望增加，因为据以计算年度养老金发放额的工资会上涨。但是，股市上涨，只有雇主能够受益。而在通货膨胀时期，没人再能指望通过降低退休人员必须要买的商品和服务的价格来弥补经济萧条时减少的养老金货币额。

　　然而，现行养老金制度的最大问题并不是经济方面的，而是心理和政治方面的。雇员拥有了美国企业，但他们并不知道这一点，既没有这方面的感觉，也没有这方面的体验。确实，在现行制度下，雇员很难知道、感觉或者体验到自己拥有了美国企业，他们只知道自己拥有养老金索取权。现在，至少有私人养老金计划推行强制性养老金保留权规定，很多雇员每年能收到个人养老金账户的对账单，但并不知道这笔资产背后的具体情况——至少对于年龄已到 40 岁或者 45 岁的雇员来说，养老金账户中的资产将日益成为他们拥有的最大资产。其实，他们也不知道采取怎样的措施和政策有利于他们保护自己最重要的资产，或者说，怎样的措施和政策会危及他们的资产。他们不能为了自己的利益采取理性的行动，他们虽然是企业的所有人，却不能监管企业负责养老基金的管理人员。因此，他们也无力向企业管理层和养老基金提供有信息支撑的支持，而这样的支持正是企业管理层和养老基金为保护雇员未来生活要依靠的养老金不受掠夺和侵吞所必需的。

　　25 年前，不少人已经看到了这个问题，并且提醒在必然要投资于经济中创造财富的生产能力（也就是股票）的情况下不要一味地依赖年金（固定收入养老金）。但是，当时反对意见占据了上风，其中有一条令人信服的反对意见认为，低收入者（也就是那个其成员被视为主要甚至唯一受益人的群体）无力承受"投机"的折腾。陈旧的观念认为，孤儿寡母不应该持有普通股，但是，工会之所以也反对除了年金计划外的任何其他养老金计划，是因为工会要强制性地在员工养老金与企业绩效和利润之间保持一种明确的联系。当时，很多企业管理人员也出于相同的原因而偏爱年金计划，主要是因为就像他们看到的那样，利润增加，尤其是股价上涨，不会增加员工的利益，但会减少公司的养老金负债。

没有人预料到会发生长期通货膨胀。最重要的是，那些年，人们几乎只能想到完全"年金化"或者完全投资的养老金计划，在这种计划中，养老金支付额完全由波动不定的利润决定，并且取决于变化无常的股票价格。如果这样的计划是仅有的选择，那么，年金计划确实比较谨慎，并且肯定比较可取。

今天，我们才明白这是一种错误的选择，其实还有一种整合两种极端计划优点的中间计划。实际上，这种计划就是在通用汽车公司计划问世前后，由始终走在前列的养老基金——美国教师保险与年金基金会发展起来的。直到那时，美国教师保险与年金基金会推行的养老金计划也是一种纯粹的年金计划，尽管它的一大部分资产确实由普通股投资构成。后来，美国教师保险与年金基金会发展了一种"双金"计划，年金计划仍然是这种"双金"计划的基础。事实上，根据规定，每个会员都要参加年金计划，但还可选择将部分缴费（最多不超过缴费总额的 50%）投入一个直接投资基金（名叫"高校退休教师股票基金"，

CREF），运用这个基金管理多样化的股票市场组合。在这种"双金"养老金计划中，参与者的雇主和雇员联合交费且比例相同：雇员薪水的一个固定比例。

这种"双金"计划是一种解决此前人人回避的问题的方法。对于投入年金计划的部分，员工可以收到一份固定的货币年金，其基数取决于员工本人和代表员工本人的雇主的缴费，而对于个人账户的高校退休教师股票基金部分员工收到的年金要根据教师开始领取退休金那天他所拥有的总的高校退休教师股票基金组合总数的股票的市值来计算。

美国教师保险与年金基金会（会员多于除美国电话电报公司和一些很大的政府公务员养老基金外的任何养老基金）的绝大多数会员都选择参加了高校退休教师股票基金，很多人还选择了最高限额的缴费。在20世纪五六十年代，高校退休教师股票基金运营良好，但在过去的5年里明显与股市一样表现不佳。然而，选择把一半养老金货币投入股票基金的会员在过去的20年里还是取得了比选择把养老金货币全部投入年金计划的会员好的结果。更重要的是，尽管1969~1970年以来，股市长期低迷，但在教师休息室听到的一次闲聊很快就表明，在场的教师都知道高校教师股票基金持有的股票市值在缩水，但只有很少的会员退出股票基金。

我们需要的是一种结构性变革，以使能够帮助养老基金更加贴近经济现实，提高养老基金为雇主和雇员服务的能力，尤其是提高养老基金满足养老基金社会化在经济、心理和政治方面提出的要求。企业养老基金缴费应该固定不变，并且以保险精算的计算结果为基础（尽管某些养老金计划制订的条款规定：只要 3 年内缴费总金额不变，企业就可以在任何一年根据利润变化状况调整缴费标准，而且这一条款得到了越来越广泛的应用）。按照现行做法，在雇员工作满可享受养老金保留权的年限前，雇主为雇员支付以及雇员自己支付的养老金缴费就像现在一样全部交给年金计划。在雇员工作满规定年限、获得养老金保留权以后仍然应该把足够大的一部分养老金缴费交给年金计划，以便预先设定雇员在退休后能领到的最低养老金收入（如包括社会保障金，相当于雇员退休前工资的 2/5）。除了工资最低的雇员，对于其他雇员来说，这部分缴费可能要占到或者接近养老基金缴费的 50%，美国教师保险与年金基金会就用这部分缴费设立了最低年金基金。而超过这个部分的缴费，雇员可选择全部或部分投入某个"投资基金"。如果这个"投资基金"通过资本增值实现了增值，增值部分就属于参加"投资基金"的雇员。这样，他们到退休时就可领到较多的养老金。但是，如果"投资基金"缩水，亏损也应该由参加基金的雇员分摊。换句话说，参加"投资基金"的雇员不但是基金的所有人，而且还应该实际享受所有人的待遇，并且承担所有人的责任。这样，雇员至少可用其一半年金性质的投资来防范我们传统上觉得不适合孤儿寡母的风险。这样，雇员就有可能开始明白他们是所有人，并且应该作为所有人来行为处事。

今天，对养老金制度进行这样的结构性变革的可能性似乎微乎其微。不过，有一个群体可能会赞成这种变革，那就是工会。乍一听，这种说法好像似是而非。由于这样的变革有助于美国工会领导人走出他们日益面对的两难困境——代表雇员反对老板的职责以及代表"老板的老板"（企业新所有人或美国全体雇员）的职责。

社会保障的未来

在由养老基金社会化导致的全部问题中，最没有预料到的问题是社会保障制度在现有形式和范围方面的陈旧过时。

美国的社会保障制度是在 20 世纪 30 年代中期根据以下两个原则创建的。第一个原则，社会保障制度要逐渐扩大覆盖范围，直到成为美国人的一般退休制度为止。对于参加社会保障的人（最终几乎人人都参加）来说，除了个人储蓄外，社会保障将是唯一或者至少是主要的退休收入来源。第二个原则，社会保障应该是一种"保险"，而不是"福利"。根据概率论保险金应该等于雇员（和他的雇主一同）以雇员的名义累积支付到保障账户中的数额。留有社会保障准备金（虽然全都投资在了政府债券上），实际上是合理的。最重要的是，无论出于财务还是行政管理的原因，都不得将"老年与幸存者"保险与社会保险混合在一起。

今天，只要我们说到社会保障，仍然会引用以上两条原则。事实上，美国的社会保障已经覆盖几乎全体在职人员（包括雇员、自我雇用者和地方政府公务员，但联邦政府公务员除外）。就连在社会保障制度创立前早就成立的铁路退休职工委员会（Railroad Retirement Board）虽然在法律上继续被作为独立机构对待，但也因财务状况不佳而被迫实际并入了社会保障系统。而在现实中，以上两条原则已经被废弃不用。除非未来 5 年或者 10 年发生两位数的通货膨胀，掏空所有（无论是公共还是私人）的养老金制度，否则，到 1980 年，对于美国大多数到退休年龄的劳动人口来说，社会保障就会变成一种补充保障机制，而不是退休收入的主要来源。

与此同时，美国的社会保障很快就会由纯粹的"保险"蜕变为"福利"。当然，大部分社会保障金仍然会用于完成提供"老年和幸存者"保险的初始任务。但现在，60% 的美国社会保障员工在从事新的"社会福利"工作：负责处理贫困老年人、盲人和残疾人的医疗保险和补充社会保障收入申请，这些工作于 1974 年 1 月 1 日从各州政府机关转移到社会保障机构。社会保障管理局的大量行政支出（当然，这也意味着大部分行政管理人员、主管和普通文秘人员）主要用于或者忙于解决"问题"和满足"需要"，而不是满足"索取权"和"权利"。1974 年（第一年全年由社会保障机构发放），补充社会保障收入支出约占社会保障管理局总支出的 1/20，也就是 700 亿美元中的 30 亿美元。而当年补充社会保障收入的受益人只约占社会保障受益人总数的 1/8，即 2500 万人中的 300 万人。但发放补充社会保障收入 5 亿美元的行政支出要占到社会保障总预算的 1/5，并且相当于老年人和幸存者养老金保险计划总支出的一半（剩下的是医疗保险计划支出）。而且，没过多久，"医疗补助计划"（"医疗贫困者"医疗救助计划）的工作也移交给了社会保障管理局，原因就是没有其他机构适合做这项工作。而食品券计划（另一项深陷困境的"福利"计划）最终也转由社会保障管理局负责。

抛弃美国社会保障制度最初遵循的原则也许是非常愚蠢的行为，但已经是既成事实。因此，现在最明智、实际的解决办法或许只能是因循社会保障过去 25 年的发展轨迹，把我们的社会保障从一个"社会保险"体系彻底转变为一个关注"问题"的"福利"计划，解决约占劳动者总数 1/4 左右的由于工作不好（工资低、不稳定）而没能建立足够的退休金账户的员工以及残障人士和丧失能力人士等的退休保障所。这些"问题"通过任何类型的真正"保险"都无法解决。要达到需要赡养的水平，必须动用财政或者税收收入来进行资助。

对于其他占总数 2/3～3/4 的劳动力来说，随着主要的养老金责任实际上越来越多地由雇主的养老金计划承担，社会保障于是就变成了一种"再保险"。事实上，有些养老保险将成为强制性保险，而且，雇员（譬如说）为了退休后能够享受医疗保险，或者在获得退休金"保留"索取权前，还得继续向中央政府基金缴费。但是，如果雇员在退休前持续向雇主设立的养老金计划缴费，那么退休后能从雇主设立的养老金计划领到某一水平的最低收入（譬如说，相当于家庭主要工资收入者收入的50%），那么就能少缴或者干脆放弃缴纳社会保障费。此外，国家也可以制定相关政策，明确规定鼓励尽量通过私人养老金计划来发放退休养老金的优惠措施。

如今要推翻已经执行 40 年的正式政策，似乎是一种政治空想。其实，我们已经在这条路上走得很远——也许已经走了一半路程。虽然我们的社会保障卷入福利计划越来越深，但我们的税收政策越来越有利于各类私人养老金计划。私人养老金计划缴费被作为递延收入来处理，这样，要到退休后领取养老金时才缴纳所得税；另外，雇员要用完税收入来缴纳社会保障费。非政府、非营利机构（如私立大学或者慈善组织）的雇员有权选择选项Ⅲ和选项Ⅳ（前文已经解释过）。根据这两个选项，雇员如果向某个私人养老基金缴费，就可以递延缴纳大笔收入的税金。在 1974 年的《养老金改革法案》中，美国国会甚至走得更远，授予自我雇用者每年拥有递延收入的 15%，或每年 7500 美元缴税权，只要他把这部分钱投入到养老金计划中。而对于没有被私人养老金计划覆盖的雇员，允许他的递延个人收入的 15%，或 1500 美元（选择少的一个）缴税，前提是他把这部分钱投入到一个经过批准的养老金计划——称为"个人退休账户"（Individual Retirement Accounts，IRA）计划。

很快，我们将会更进一步。个人退休账户计划的税收递延规定势必还会放宽。没有理由规定私人养老金计划没有覆盖的雇员就不能享受与自我雇用者一样的税收递延待遇——每年最多可递延缴纳 7500 美元个人收入的缴税。现在已经出现很大的舆论压力，要求所有参加私人养老金计划的雇员都能享受与非营利组织雇员一样的税收递延待遇（可以在选项Ⅲ和选项Ⅳ之间进行选择），以便他们能够为未来退休增加缴费。事实上，这样放宽私人养老金计划缴费的规定是整合减税和抗通胀政策最简便和在政治上最具吸引力的方法。这种方法也能轻而易举地解决希望挣到较多现金收入的员工与希望支付较多养老金缴费的员工不同群体之间的矛盾，从而真正缓解工会面临的各种问题。养老金缴费方面的灵活性应该能够进一步有助于消解日益高涨的抵触社会保障支出不断增加的情绪。现在，"问题"人士，特别是"老年无产者"是依靠由大多数富裕雇员缴纳的社会保障费才能领取社会保险金的。但是，在采用了以上方法以后，他们的退休收入就主要来自于税收收入。

最重要的是，我们几乎已经看到社会保障体系中唯一主要的雇员群体（州和地方政府公务员）对社会保障产生反感并且有可能选择退出。州和地方政府有权要求它们的雇员参加社会保障，而它们的雇员也几乎都会行使这种选择权。但是，州和地方政府公务员并不像非政府雇员和自我雇用者那样必须参加社会保障。州和地方政府由于要按其雇员既往服务年限补足缴费，因此，它们为公务员设立养老基金需要承受的负担将会急剧加重。纳税人也已经在为缴纳那么高的州与地方税设置障碍。因此，公务员要分担越来越大份额的州和地方政府养老基金负担。与此同时，社会保障税正在大幅上涨，甚至会以更大的幅度上涨。如果把缴给社会保障的资金缴给州和地方政府养老基金，那么，州和地方政府的很多养老基金就能够有稳定的资金供给。难怪州和地方政府公务员越来越焦急地要求退出社会保障——尤其是养老金计划的收益很高而社会保障增加很少，但其费用与参加养老金计划的费用基本相同甚至更高。阿拉斯加州的政府公务员已经投票决定退出社会保障，纽约市已经公告将于1978年退出，而洛杉矶市也打算跟进。

不过，如果州和地方政府的公务员全部退出社会保障，那么，无论在政治上还是在财务上，整个社会保障体系就会难以为继。以后就无法拒绝非政府机构（无论是企业、医院还是大学）的雇员要求享受与政府公务员相同的权利。同时，彻底改革社会保障体制的主要反对势力，即劳工运动这股反对势力，就会烟消云散，而支撑美国社会保障体系的唯一因素就是对弱势劳动者的支持，无论私人养老金计划如何发展。

私人养老基金已经成为退休人员的主要收入来源，而与此同时，社会保障体系越来越变身为"福利"，而不是"保险"。因此，对社会保障体制的"改革"极有可能超越对现有体制的结构调整，而且社会保障改革的任何尝试都有可能重新提出社会保障的作用问题——一个现行制度的构建者认为早在 40 年前已经解决的问题。今天，我们还在为这个主要仍是他们设想的"无所不包的社会保障体系"**付出代价**，但实际**得到**的是这样一个体制：在这个体制下，私人养老金计划承担越来越主要的养老责任，而社会保障体系只部分起到了"共保承保人"的作用，但越来越多地充当了"非承保人"（一个为"不可投保人"服务的福利机构）的角色。

我们在这里讨论的问题既是人口统计数字的变化导致的问题，又是养老基金社会化引起的问题。只要一个社会大部分劳动人口寿命超过工作年龄并且还能活到"退休"，那么，这个社会就会遇到这样的两难问题。不过，养老基金的出现使得这些问题提前在美国出现，而这些问题又围绕养老基金变得更加具体，并且在很大程度上还得被作为养老基金的问题来处理。

养老基金社会化和人口统计数字变化都已经成为既成事实，并且代表了真正的成功。但是，这样的成功也有问题需要解决，而且都是一些棘手的问题。最大的问题肯定是我们的自鸣得意以及对这些变化的麻木不仁。这些问题本身可以解决，而且还相当容易。不过，要解决问题，就先得理解问题。到目前为止，美国的雇员甚至还没有意识到他们已经成为真正的"企业所有者"。

养老基金也面临会危险，尤其是如果我们继续完全无视养老基金经济问题、养老基金政治问题和养老基金社会化问题的出现。除非我们找到阻止贪婪成性但毫无能力的政府掠夺养老基金资产的办法，否则，养老基金就会再次遭遇灭顶之灾。资本形成这个没有得到解决的问题（还包括一个人口统计数字的变化把"个人储蓄"转变为"伪储蓄"和"消费支出"的社会的经济和税收政策问题）不仅会威胁美国经济的增长和稳定，而且还会通过导致通货膨胀和采用简单方法在短期内摆脱通胀的方式，对美国的社会稳定、政治清明、经济绩效和养老基金的执行能力构成威胁。

因此，美国的养老基金虽然已经发展了 25 年，但仍有可能遭受严重的损害，甚至还可能遭遇灭顶之灾。但是，有两个事实作为永久性变化已经不可被逆转，人口统计数字的变化就是其中的一个，我们将肯定生活在一个很多人的寿命超过自己的工作年龄，因此必须依靠在职人员来供养的社会。第二个持久性新现实是美国生产性资源的控股权转由私人养老基金控制。这一变化现在也已经不可逆转。美国的生产性资源，即主要经济机构的权益资本已经被"社会化"，因此，养老基金社会化已经成为一个既成事实。

养老基金社会化的社会机构和社会议题

新 的 需 要

人口年龄结构重心的任何改变都会导致社会心态、社会情绪、社会价值观、社会制度、社会问题乃至社会自身发生变化，突然变化（在人类社会历史上很少发生）会对社会产生不亚于地震的影响。

目前，美国的人口年龄结构重心位于成年人这个年龄组，或者至少位于青少年（16 岁以上）这个年龄组，因为青少年这个年龄组在美国人口不同的年龄组别中既是最大的单一年龄组，又是增长最快的人口群体。1959 年，临近艾森豪威尔政府任期届满时，美国的人口年龄结构重心位于 39 岁左右——美国历史上人口年龄结构重心所在的最大年龄段。5 年以后，林登·约翰逊（Lyndon Johnson）击败巴里·戈德华特

（Barry Goldwater）当选美国总统，美国的人口年龄结构重心已经急剧下降到了 17 岁。又过了 10 年或者 12 年，1948～1959 年"婴儿潮"时期出生的孩子已经度过了童年，成为成年人口中最年轻的群体，一个还在学校学习被视为"青少年"而不是"成年人"的群体，他们代表了美国的人口年龄结构重心。在 1959 年还很难预测构成"青春十年"的群体将来会是什么样的，但可以预期他们将会产生强烈的创伤性冲击。

今天，到了 20 世纪 70 年代中后期，我们面对一种相似的变化。"婴儿潮"时期出生的孩子已经长大成人。事实上，婴儿潮第一年（1947～1948 年出生人数急剧增加）出生的孩子现在已经差不多有 30 岁了。1960 年，美国开始进入低生育年代，出生人数减少了 1/4 以上。这个年代出生的孩子也有十六七岁了，构成了开始对社会心态、社会情绪、社会价值观乃至社会问题产生影响的最年轻群体。如此看来，"青春十年"肯定已经过去。

但是，这样的人口年龄结构变化至少在近代史上是前所未有的。美国社会（在不同程度上，所有其他发达国家社会）正在迎来了一个**两个**人口年龄结构重心同时出现的时期。第一个人口年龄结构重心是年轻的成年人，就是 1948～1959 年"婴儿潮"时期出生的孩子，他们大致上已经成为劳动力，或者到 1979 年将进入劳动力市场。这个成年人群体的人数在未来 10 年里，将从 3000 万增加到 4000 万，也就是说增加 1/3。这个群体的成员将结婚成家，并且参加工作和开始自己的职业生涯。因此，他们（特别是女性）将进入（从各方面看）人生最保守的年龄段。这个年龄段的人最关心的常常是工作和薪水、住房抵押贷款、儿科医生的账单和孩子的学费。几乎每个月都有新书或者文章令人惊讶地讲述或者报道 1965 年的"狂热激进分子"到了 20 世纪 70 年代中期如何变成了中产阶级分子。同样令人惊讶的是，麦戈文（McGovern）在 1972 年的美国总统竞选中败北，也被归因于有那么多前"青年叛逆者"的倒戈——他们把选票投给了"钱包"，而不是他们的信仰。其实，他们的倒戈不应该令人惊讶，它仅仅反映了由青少年过渡到成年后必然会发生的变化，因为青年家庭必然会关心一些与居家生活和个人直接利益密切相关的事情，而不是一些所谓的"国家大事"。

第二个同样重要的人口年龄结构重心是已过或者接近退休年龄的老年人群体。65 岁以上的老年人以及老年"幸存者"（特别是 55～65 岁的遗孀）人数不断增加，增加的速度就像刚加入成年人行列的年轻人群体那么快。用不了多久，这两个人口年龄结构重心的人数就会旗鼓相当。现在，美国的老年人口大约有 3000 万，到 20 世纪 80 年代中期也将达到 4000 万左右。这个群体以它自己的方式也会表现得极其"保守"，关心自己眼前的问题和需要，而不是"国家大事"。

1985 年以后，美国的人口年龄结构重心将稳步转向中年群体。而到了 20 世纪 80 年代末，美国的人口年龄结构重心将回归艾森豪威尔执政后期美国第一次出现的人口年龄结构动态变化状况，也就是重新位于 40 岁左右这个年龄段。美国每年加入成年人行列的青年到 20 世纪 80 年代中期将会急剧减少，可能会减少 1/4 甚至更多。年满 65 岁的老年人口不会再快速增加，甚至在 20 世纪 90 年代趋向于减少，因为大萧条生育低谷时期出生的孩子到时候已经达到退休年龄。但是，65 岁以上的老年人口将继续稳步增加。除非出现另一波"婴儿潮"（即使现在就出现新的一波"婴儿潮"，也要直到 20 世纪 90 年代才会对成年人口的年龄结构产生影响），否则，美国的人口年龄结构重心将稳步逐渐上行到 2010 年以后，65 岁以上的老年人群体将成为主要的人口年龄结构重心，因为 1948～1959 年"婴儿潮"时期出生的孩子将达到退休年龄。

因此，人口趋势和人口变化在很多年里将对美国的社会、政策和政治产生重大影响。不过，机构结构的急剧变化也会对美国社会及其社会问题、难题和关切产生深刻的影响。养老基金作为一种重要机构、新的资本形成和配置渠道以及作为美国唯一的"资本家"和居于支配地位的生产资源"所有者"的出现，是一种与人口年龄结构重心转移一样深刻的变化。

当然，这两种变化彼此紧密相关，养老基金的出现终究是美国对其人口年龄结构变化做出的回应。这两种变化一起构成了美国养老基金社会化的基础，而人口年龄结构变化与机构变革则将继续创造新的需要和机会，并且会在未来数十年里提出新的问题。不过，本书主要聚焦于未来 10 年（截至 20 世纪 80 年代中后期前的 10 年）的问题，因为美国必须在这 10 年里做出有关养老基金社会化的基本决策。

美国社会将要迎来深刻的变化这一点确定无疑，但没人能够确定无疑地说明应该如何来应对这些将要降临的深刻变化。无论怎样，有两个方面还是可以预测的。首先，我们可以认为，有些变化无论人们现在如何普遍地预测，它们都不会发生。其次，我们能够识别那些将会挑战传统观念并要求做出新的艰难决策的需要以及随需要产生的问题。

今天，我们发现自己（或者说被别人告知）加入了"反对权威"的行列。公众对我们所有的机构制度的信仰和信任已经跌到了最低点，"大"已经过时，而"小才是美"。有人主张，我们可以并且应该遣散大型组织；无论是政府还是大企业，它们的管理层正在被淘汰，或者说应该被淘汰；而且，我放弃对技术的危险沉湎。不过，笔者担心，这些主张可能没有一个会变成现实。

在未来 10 年里，最不可能变成现实的主张就是：美国社会会抛弃大型组织，并且重新回到无组织机构的社会———一种只有地方社区和小型单位的社会。不过，这并不意味着我们将不需要和没有机会来提高大型组织的效能或者回应能力。首先，这并不意味着，我们不需要缩小政府和企业等大机构的规模并且降低它们的比重。我们现在认识（并且早就应该认识）的"大型集团"，无论大型企业集团还是像美国政府下属的卫生、教育和福利部（HEW）这样的超级集团，无一例外，都是"反生产力"的。有太多机构，如企业、医院、大学，特别是政府单位或政府代理机构，由于太庞大、太臃肿、铺得太开而绩效低下。我们需要对这样的机构进行大刀阔斧地精简、分割和分权，并且赋予经过这样处理的机构以大量的自主权。但是，"小比较好"毫无疑问与"大比较好"一样没有意义。职责决定规模，而为了能够有效履行职责，养老基金社会化需要很多大机构（有一些要特别大），如经济生产和分配机构、金融中心和政府。

同样毫无疑问的是，管理部门仍将是核心机构，而管理则仍将是核心的社会职能。美国养老基金社会化正在颠覆"'管理机构'（或者毋宁说现代组织）是'体制'的产物"的古老神话。根据这个神话的现代表现形式，我们可以把这个神话称为"马尔库塞神话"。[⊖]

根据马尔库塞的观点，大型组织是"资本主义"的产物，或者说是"体制"的产物。改变体制，就会导致"组织"消失。这种浪漫的幻想很可能从未有过很多的追随者，但它们总是通过制造大量的噪声来弥补人数上的不足。

现代组织型社会有它的问题，这是一个不争的事实。不过，从美国过去 25 年的经历中，我们也应该清楚地看到，组织型社会并不是"体制"的产物，也不会在社会化下消失。在一个把主要任务交给大机构完成的社会里，管理部门必然会成为核心机构，而管理必然会变成主要的社会职能。事实上，与任何其他类型的社会相比，推行养老基金社会化的社会更加依赖管理部门及其能力和绩效。最后要说的是，我们不会因此而减少对技术的依赖，而是可以预见我们将更加依赖技术。

不管怎样，与将来不会发生的事情相比，新的需要和新的要求更为重要。它们被忽视的重要原因，是我们没有觉察到养老基金社会化带来的社会结构变化和人口统计数字的变化。然而，恰恰是这些将来可能出现的新需要和新要求，而不是那些广为人知和广泛讨论的将来不会发生的事情，才是决定未来数年社会问题的因素。这些因素要求我们深思和理解，要求政策制定者和公众舆论改变认识和态度，要求我们做出艰难

⊖ 尽管，这个神话至少要比赫伯特·马尔库塞（Herbert Marcuse）早 75 年，并且很可能可以追溯到于 1922 年被纳粹杀害的德国实业家、社会学家和政治学家瓦尔特·拉特瑙（Walther Rathenau）。拉特瑙在第一次世界大战以前和期间撰写的著作是论述管理型社会的最早尝试。

的决策和艰苦的工作。

首先，主要是由于人口统计数字的变化引起的经济需要。需要提高一切财富生产型资源的生产率，还迫切需要严格意义上的管理，以确保经济实现真正的高速增长——既不是"虚长"也不会导致通货膨胀，而是经济能力、产出和绩效的真正增长。

其次，养老基金社会化要求我们高度关注劳资关系和在职管理人员。我们不能再指望"体制"（无论是什么"体制"）来关注劳动者、劳动群体、劳动任务和管理者之间的关系，我们也不能再不抓紧解决这个问题。

养老基金社会化的出现也对工会的传统角色和职责提出了质疑。甚至有人认为，工会如果还想作为一种有活力的机构存在下去，那么必须改变自己的角色、职责和工作基本方法。但是，直到现在为止还没有人能够说清楚工会应该做出的变革是什么，更不用说工会是否能够和如何完成这些变革。

再次，养老基金社会化创造了一种全新形式的"财产"，即养老金索取权。这种财产将越来越多地控制或者至少拥有社会主要的"生产性资源"。不过，这种财产形成完全不同于过去法律和政治理论所关心的财产。

最后，发达国家和发展中国家的人口统计数字的变化和养老基金社会化将会极大地影响美国在世界上的地位和作用，尤其会影响养老基金社会化的美国和第三世界欠发达国家之间的关系。

所有这些新的需要将对我们的主要机构和它们的管理团队提出大量

的要求，并且会对政府特别是地方政府产生非常大的压力。新的需要还将要求相当激进的新的经济和政治思想和理论。

对经济绩效的要求

在截至20世纪80年代中后期的未来10年里，除非发生世界性的长期经济萧条，否则，所有的关键性生产资源都将可能出现短缺的状况。劳动力将只增加1/10甚至更少；资本将出现短缺，仅仅是因为越来越多的个人储蓄变成了"伪储蓄"，即为赡养迅速增加的过了工作年龄的老年人所必需的转移性支付。虽然不会实际出现世界范围内的物质资源（也许食品除外）供不应求的状况，甚至能源供给实际上也非常充裕，但是，物质资源成本，特别是能源、清洁空气和可用水的成本有可能会上涨，或者至少保持在高位上。

与此同时，商品和服务总产量必将大幅度增长，否则，生活水平必然会下降。凡是目前3.5～4个劳动力赡养1个退休老年人的地方，在未来的10年里将上涨到1～2⅓个劳动力赡养1个退休老人，也就是说赡养比将上涨1/4。之后，虽然增速会急剧下降，但需要赡养的总人口仍将继续增加。因此，除非**各种**关键资源（人力资源、资本和关键的物质资源）的生产率不断提高，否则，实际收入和生活水平必然会受到影响。虽然在自第二次世界大战结束以来的25年里，我们很少关心生产率，但生产率将成为重中之重。我们应该记住，花钱雇用管理人员（不管是企业管理人员还是公共服务机构的管理人员）首先就是为了管理关键资源的生产率。

在未来的 10 年里，资本供给甚至可能比人力资源供给还要紧缺。因此，资本生产率将必须以高于人力资源生产率的速度增长。但是，提高在职人员的生产率将意味着要迎接多方面的更难应对的新挑战。首先，劳动力构成在快速变化。凡是在人力资源生产率传统上意味着体力劳动生产率的地方，提高人力资源生产率将越来越意味着要提高知识工作者的生产率。这里的知识工作者是指不是依靠自己的肌肉或者体力技能，而是利用自己掌握的知识（无论技术、专业、管理还是行政知识）来工作的男性或女性劳动者。

在现已退休或者临近退休的老年劳动者当中，体力劳动者仍然占据绝大多数；但在目前进入劳动力行列的青年劳动者（他们是美国的一个新的人口年龄结构重心）中，体力劳动者只占少数。1975 年，美国主要雇用体力劳动者的制造业就业岗位仍要占到美国劳动人口的 23%，在农场工作的体力劳动者另占美国劳动人口的 4%，而另外占美国劳动人口 16% 的体力劳动者是在采矿、运输或服务业（如电话线务员）工作的蓝领工人。因此，1976 年体力劳动者约占美国总劳动人口的 45%。知识工作者（专业技术人员、管理人员和行政人员）占美国劳动人口总数的 25%～30%，在人数上要超过美国制造业的就业总人数。剩下的大约 1/4 的劳动人口是销售人员和办公室文秘人员。

到 1985 年，美国制造业的就业人数可能会大幅度减少，最多只占美国劳动人口的 15%。体力劳动者的总就业人数占美国劳动人口的比例不会超过 1/3。在未来 10 年里销售和文秘工作岗位会有适度增加，"知

识型"工作将会获得大幅度增加，可能要占到美国全部工作岗位的 1/3
或者更大的比例。而且，大部分新增工作岗位都将是知识型工作岗位。

　　然而，我们在提高知识工作者的生产率方面并未采取什么行动。我
们几乎没有理由认为，知识工作者的生产率在过去的 75 年里获得了大
幅度提高。今天，我们的教师、研究人员和管理者的生产率未必超过比
他们早两代人的前辈。

　　如今，工作地点也发生了变化。我们在谈论生产率问题时，通常会
想到在企业或者农场等私人部门工作的人员。但如今足有 1/5 的劳动力
在政府机关工作。还有一个很大的劳动者群体受雇于"公共服务"机构。
这些公共服务机构（如医院或者大学）虽然不属于政府部门，但也不是
企业。无论这些劳动者是文秘人员还是知识工作者，他们通常不是蓝领
体力劳动者。但总的来说，我们很少关注非企业公共服务机构工作和人
员的生产率。不管怎样，这种情形在被善意忽视的情况下不太可能有所
改观——不过，我们希望发达国家邮政系统生产率的明显恶化是一个极
端的例外，而不是普遍现象。事实上，知识工作者的生产率代表着一种
重要机会，因为生产率理论有这样一条公理：只有提高最被忽视的资源
的生产率才能获得最大的收益。如果知识工作者的生产率得不到提高，
那么，总体生产率就不可能得到提高，而成本却会上涨；但如果知识工
作者的生产率快速提升，那么，总体生产率就会快速提高。

　　知识型工作也是工作，适用于提高体力劳动生产率的准则也适用于
知识型工作。其中最重要的准则就是：劳动生产率不能靠"苦干"，而
是要靠"巧干"来提高。为了提高劳动生产率而采取的具体步骤在很大

程度上同时适用于知识型工作和体力劳动。[⊖]第一个关键步骤就是选择正确的目标、确定想要的结果。第二个步骤就是确定优先顺序，并把人力资源集中投入在这些优先工作上。接下来就是研究任务和完成任务的组织形式，包括为劳动者（无论是开渠工还是内科医生）配备工具，并且提供他们所需要的信息。然后，必须向劳动者提供有关结果的"反馈信息"，以确保他们了解是否已经取得预期的结果。最后，有计划地放弃那些不再适合、已被证明无益于取得预期结果或者失去用处的活动、产品或者服务。[⊜]

体力劳动与知识型工作之间的主要区别就是：对于体力劳动，我们倾向于理所当然地选择目标、确定优先顺序、评定结果和"反馈"信息，有组织地淘汰过时或不再具生产力的事项。所以，我们只是重点关注生产率管理各重要步骤中的一个步骤：对任务本身的分析和组织，这在很大程度上是一种误解。选择生产什么产品，对于体力劳动和知识型工作来说肯定同等重要，而忽视这方面的决策就可能导致体力劳动像知识型工作一样生产力低下，或者根本就没有生产力。生产力并不只是指工厂要提高生产力，而更为强调管理者要提高生产力，必须"聪明地工作"。但对于体力劳动，这一点往往被忽视。

而对于知识型工作，有关选择目标、确定优先顺序和有计划地放弃等决策，显然是一些核心要素。与此同时，这些决策需要知识工作者主

⊖　关于生产率的论述，请参阅" Productive Work and Achieving Worker"(Chapters 15-23) in *Management: Tasks, Responsibilities, Practices*.

⊜　这些生产率准则有可能不适用的唯一工作范畴就是新知识或者新洞见的创造，也就是"纯科学家"或者艺术家的工作。

动和负责任地参与和理解。因此，对知识工作者的管理要求任何机构（无论是营利性企业还是政府机关）的管理层采用截然不同于一般人力资源管理的方法，而且还需要新的信息。现在，只有很少机构的管理层掌握很多有关生产力的信息，并不是因为这方面的数据难以获得，而是因为这样的数据不应该通过标准的会计模型例行性地产生，而可惜的是目前的管理信息就是单一地根据这样的数据编造的。不管怎样，我们至少大致知道我们需要做什么和如何做。

而实际情况是，在19世纪60年代以后的一个世纪里，除了发生人类历史上最严重的经济萧条的年份以外，发达国家（或者毋宁说实行市场经济的发达国家）的资本生产力持续增强。这是现代企业取得的主要成就之一，而且也是现代社会赖以取得所有其他成就的基础。这一成就的取得部分是企业家的功劳：是资本持续从陈旧、生产力迅速下降的投资领域转移到生产力不断提高的技术或社会创新领域的结果。就像约瑟夫·熊彼特在60年前令人信服地证明的那样，这才是现代经济中真正的"自由资本"。

然而，资本生产力的持续增长同样也是管理行动的结果，是持续努力增加生产性工作从而增加单位资本的经济绩效的结果，商业银行业就是这方面的一个例子。今天，商业银行业单位资本交易量是100年前那个时代的5倍。

不过，如果资本生产力真的不可逆转地一路下跌，那么，一种基于资本市场配置的体制（养老基金社会化赖以存在的体制）就不可能在渡过了危机重重的短短几十年以后再继续存在下去。根据可利用的相关数据，相同的资本投资增量在自由企业市场经济能比在苏联或者苏联的欧洲卫星国家多创造 5～8 倍的附加产出。

最近 10 年或者 15 年，自由企业市场经济的资本生产力也在下降，其中的一个原因肯定是公共部门的迅速增长，因为政府活动具有资本生产率很低的特点，而这个特点通常还被资本管理者所完全忽视。另一个原因是我们对资本需求"提供资金不足"。我们一直拖延在能源和环保领域的资本投资，现在必须补上这个领域过去欠下的"资本亏空"，而这种补偿以前亏空的投资很可能不会增产。此外，在第二次世界大战结束后的 1/4 个世纪里，只有很少的企业感觉到管理资本生产力的需要。在这个时期里，资本充盈，并且总体而言相当便宜。正如只有很少企业因为当时能源供给充足、价格低廉而设法提高能源生产力，同样也只有很少管理者认为有必要给予资本生产力问题更多的常规关注。事实上，甚至只有非常少的企业管理层掌握了管理资本生产力所必需的信息。再说一遍，这些数据并不难获得，但现行会计制度一般不编制这样的数据，因此通常根本就不会产生这样的数据。

在过去的几年里，由于所谓的流动性紧缩以及资金成本居高不下等原因，[⊖]上述情况已经在发生彻底的变化。但是，只有很少的管理人员明白流动性紧缩和资金成本可能会长期与我们相伴，而只有更少的管理人员知道造成流动性紧缩和资金成本高企的主要原因并不是能源危机、股票市场和经济衰退，甚至也不是资本需求高涨，而是人口统计数字的

⊖　在笔者一篇名为"如何管理资本生产力"的文章（《华尔街日报》，1975 年 7 月 24 日）中能找到有关管理资本生产力需要什么的简短讨论。

变化以及传统的资本流量变成了赡养日益增多的老年人口的"转移性支付"。而且，这种变化仍将继续下去。即使我们能够成功地提高资本形成率，并且设计出新的资本配置和分配渠道（本书前一章已经讨论过这个问题），资本仍有可能依然稀缺、昂贵。

首先，资本稀缺、昂贵就将意味着流动性、现金流和财务结构将再度成为企业及其管理的核心问题。在过去的25年里，这些问题被视为次要问题，而销售收入和利润表则被视作首要问题。现在，财务结构、资金供给和对可用资金的利用这些传统甚至旧时关心的问题将再次成为企业关注的焦点，因此需要企业管理层给予极大的关注并掌握高超的相关管理技能。

其次，管理层必须为提高资本生产力而坚持不懈、有条不紊地努力工作。为了向人口统计数字的变化所需的生产和分配环节提供资金，在未来10年左右的时间里，企业管理层无论是使用权益资本、借贷资本、留存收益还是其他什么来源的资金，都必须把企业使用资本的生产力提高1倍。企业使用资本的生产力之所以能够在未来10年左右的时间里翻一番，正是因为资本管理在过去被普遍忽视。有些资本管理方面的领先企业（美国通用电气公司也许就是一个例证）一直在设法通过资本管理来大幅度提高资本生产力，力争使本企业的资本生产力增速快于可比行业自以为管理良好的企业的资本生产力增速。但是，要做到这一点需要不懈的艰苦努力。

传统上，通过"平衡"影响生产力的不同因素来管理生产力的，提高劳动生产力的传统甚至也是简便的方法就是增加资本投资，或者，以降低物质资源的生产力为代价来提高劳动生产力。(这是过去 15 年能源消耗迅速增加的主要原因之一。当时,为了降低单位产出的劳动力投入,采用了增加单位产出能源投入的方式。)

这种在不同生产要素生产力之间进行"平衡"的方法在未来将不再可行,至少不可能大幅度提高生产力。经济学家先把不同的产业分为"劳动密集型""资本密集型"和"原料密集型",然后决定用哪种"平衡"最有可能提高总体生产力。但是,所有产业的所有企业和所有的公共服务机构都将变得越来越同时"劳动密集型""资本密集型"和"原料密集型"。没有哪家企业或者公共服务机构有能力采用牺牲某种关键资源的生产力以提高另一种关键资源生产力的"平衡"方式来提高总体生产力。因此,要想提高生产力,必须对所有的生产资源进行管理。这种管理也许不只要求关注人力资源或者资本生产力,而是要求对我们现有的生产力管理进行真正的"创新"。无论企业还是公共服务机构,只有很少的管理人员已经能够勇敢地实现这种创新。

过去 10 年里的一项重要政治创新是"环境影响评估报告"。现在,无论企业还是政府部门,在提交资本投资方案和制定资本投资策略时必须附上"环境影响评估报告"。我们还必须在企业和公共服务机构中开发一种类似的"生产力影响评估报告",因为生产力同样是一种"环境",也是一种人为或者非人为因素,并且也是一种危害因素,而且对于人类的福祉和生存同等重要。

企业一直明白雇用管理人员就是为了高效地利用资源,只不过没有总是按它们认知的那样行事而已。因此,对于企业管理层来说,管理知识型工作和知识工作者的生产力，以及资金和资本生产力这类新要求，只是意味着他们必须把他们可能已经在做的事情做得更好，而且还要好很多。而对于公共服务机构尤其政府机关和单位来说，这些要求是真正的**新的**要求，而且是一些与这些机构的气质、愿景、传统和实践不那么和谐的要求。⊖公共服务机构，尤其是政府机关，是依靠"预算"而不是根据相对于绩效指标取得的结果来运行的，依靠预算的机构没有提高生产力的动机，甚至也没有效率动机。事实上，依靠预算的机构降低成本往往反而会受到惩罚，而不是奖励。此外，公共服务机构很难选定目标，并且几乎不可能确定优先顺序。最后，对于公共服务机构尤其是政府机关来说，最难的就是放弃过时、失败和无价值的活动或者服务，因为这样做总会引发"争议"。然而，对于提高生产力，尤其是提高知识型工作和知识工作者的生产力来说，这又是绝对必要的先决条件。

对于公共服务机构来说，有关管理资本生产力的要求同样也将形成冲击。政府机关甚至不会用"资本"这样的概念来思考问题，更不会试图去管理资本。公共服务机构，尤其是政府机关也不会非常关心流动性和现金流、财务结构以及资金配置等问题。预算只表明资金用途，但并不会说明原因以及使用效率或效果。在未来的10年里，公共服务机构，但主要是地方政府部门，可能会发现自己处于不断增大的、冲突的压力之下。有关绩效和生产力的要求已经在迅速提高。受赡养的老年人口不断增加，对收入和生活水平产生了巨大的压力，因此，这方面的要求必

⊖　关于公共服务机构的基本特点，请参阅" Performance in the Service Institution"(Chapters 11-14) in *Management: Tasks, Responsibilities, Practices*。

然会变得越来越高。而州和地方政府面临的最大问题就是准备资金以清偿养老金负债，从而要承受更大的压力。与此同时，地方政府会发现自己还要面对维持传统政治流程的压力，这就意味着必须就绩效和生产率问题达成一致，并且为了解决绩效和生产率问题达成妥协，而不是做出抉择。不过，妥协有"对""错"之分，但"对"与"错"并不取决于政治可接受性，而是取决于某一给定决策必须满足的具体客观条件。

总的来说，生产力与政治流程的本质是相抵触的，因为生产力要求优先顺序和专注，要求有放弃的意愿和能力。而政治流程的目的总是达成共识而不是做出决定，总要求传承过去而不是放弃过去。我们过去常说（并且仍普遍认为）这就是民主社会政治流程的特点。现在，我们也都清楚地知道绝对专制社会的"政治流程"也不会有任何区别。[⊖]

政治一直被定义为"可能性的艺术"，而生产力实际上是"必要性的艺术"。因此，对生产力的需要将会对公共服务机构尤其是政府机关根深蒂固的传统管理实践和理念发起挑战——地方政府很可能会面临最严峻的挑战。至少有必要对公共服务机构的"运营性"活动（如警察局、垃圾处理，还有邮局或者住房金融）和"政策制定"活动加以区分。我们必须对前一种活动加以"管理"，并且是为了绩效和生产力而不是为了达成共识而加以管理。后一种活动严格地说属于政治流程的范畴，正如英国的国有化行业所显示的那样，无论怎么理解，这种活动都很难开展。这些行业（煤矿、铁路、民航等）就是要根据绩效和生产力原则来

⊖　关于这个问题，我们掌握了有关纳粹德国决策过程的大量信息。与战时英国和美国的民主政府相比，纳粹德国的决策实际上更可能受到压力、游说和错误妥协的影响。

运营，但是，关键的决策越来越通过政治权术在政治压力下做出，而且是为了达成一致或者至少是为了安抚施加压力的集团（绝非只是为了安抚工会）。然而，调和政治流程和社会需要的问题仍未得到解决。

因此，可以预期，在地方政府的引领下，公共服务机构会面临一个基本治理受到挑战的动荡时期。未来 10 年有可能是一个地方政府改革、创新和政策活跃时期，就像美国所度过的 20 世纪头 10 年，或者就像是 50 年前大多数欧洲国家所度过的 19 世纪中期。

对生产力的需求也会导致对经济学理论创新的需要。经济学理论（100 多年来）在结构和范式上一直紧跟物理学的发展。⊖事实上，19 世纪初的经济学确实采纳了当时已经有一个世纪历史的牛顿物理学的基本观点。现代经济学之父大卫·李嘉图（David Ricardo）相当自觉地把自己的研究方法建立在牛顿的宇宙和力学概念上。但是，随着放射现象、量子和相对论的发现，宏观物理学时代在 20 世纪初终于结束。现代物理学关心的宇宙是微观的宇宙，现代物理学模型研究的是原子世界、原子粒子以及原子现象与亚原子现象之间的作用力。然而，就在这相同的 75 年里，经济学理论已经日益变成了一种宏观经济理论。19 世纪的经济学家所关心的仍然是单家企业的事件、单个商人、单个消费者和单个储蓄者的决策。最重要的是，他们仍然专心于生产力问题。现代经济学家，从凯恩斯以前的货币经济学家开始，已经不再关注微观经济。他们的模型采用牛顿学派物理学家处理分子和原子的方法来处理微观经济，

⊖　这一观点可追溯到英国维多利亚女王统治中期的杰出经济学家和社会批评家沃尔特·白芝浩（Walter Bagehot）。

也就是把微观经济看作由事件决定的统计现象，本身既没有意义也不会对它所属的系统产生影响。现代经济学家究竟是财政经济学家（如凯恩斯学派经济学家）还是货币经济学家（如后凯恩斯经济学家）并不重要，他们的模型就是一种"国家"经济模型，即基本上就是一种政府决策模型。微观现象（就是指生产力、资本投资或者资源配置）被假设由宏观经济事件决定，也就是由政府政策决定。即使作为宏观经济模型，这种模型也不再有用。如前文所述，世界经济被证明是唯一真正的"宏观经济"。无论怎样，经济学家可能也必须彻底转向微观模型，就像 75 年前的物理学家一样，转向一种以微观经济学和以生产力为基础的经济学理论。

因此，养老基金社会化与人口统计数字的变化一起导致的对生产力的需求，也意味着一种对新的经济学理论的需求——这里的"新"不仅是指这种经济学理论给出的答案要新，而且还指它的假设、关注点和方法（也就是它要研究的问题）都要新。

对增长管理的需要

现在流行鼓吹或者预测"零增长"，但是，零增长是不可能的。如果真的出现零增长，那可是灾难。

在过去的 250 年里，每隔 50 年或 60 年总会出现一个世界经济的"发达国家"的商人、政治家和经济学家们期待的能够以指数级速度持续 10 年的投机性增长，如 1710～1720 年（发生了"南海泡沫"、荷兰郁金香热，法国约翰·劳（John Law）大骗局等事件）、1770 年前后、1830 年前后、1870 年前后（诞生了被大多数人认为是"现代工业"的产业）以及 1910 年前后（在欧洲因第一次世界大战而没有出现，但在美国一直持续到 1929 年）。20 世纪 60 年代正是同样的"投机性十年"的"再现"，并且打乱了已经延续两个多世纪的现代经济发展。

每个"投机性十年"都让狂热的人们相信经济将无限增长，但却无一不是以经济崩溃而告终，并且留下了严重的后遗症。每个"投机性十年"过后，"零增长"的预言就会再次流行起来。但是，除了两次世界大战期间外，每次"投机性十年"过去后不久，强劲的经济增长总是不是继续下去，就是迅速恢复。尽管如此，每个"投机性十年"都会给经济带来实质性的结构变化。经济增长一直在变化，并且不断转向新的基础。每个"投机性十年"期间实施的所谓"智慧管理"即便不是实际无能为力，也会很快变得不合时宜。

如今，发达国家（尤其是美国）不是不可能出现经济"零增长"时期。不过，如果经济真的出现"零增长"，也是因为管理层无能，而不是由经济因素造成的。毕竟，需求还在那里，甚至还非常大，而且满足需求的资源依然存在。

但更重要的是，经济增长（很大比例的增长）是由人口统计数字的变化提出的一个需要优先解决的重要问题。只有实现很大幅度的经济增长，才能满足人口变化和受赡养者众多导致的经济需求。几乎可以肯定，这种经济增长将不同于过去 30 年的经济增长。正如已经多次强调的那样，这种经济增长必须主要基于资本投资，而不是消费，而且必须是大幅度的增长。事实上，由于美国过了工作年龄的老年人已经成为美国的人口年龄结构重心之一，因此，仅仅是为了维持实际收入和生活水平，美国就需要高于从第二次世界大战结束到 20 世纪 70 年代初大多数年份里实现的经济增长率。但是，这种经济增长必须是一种管理型经济增长。

因此，每家企业都必须制定和执行增长策略。企业首先必须知道自己需要多大幅度的增长。在一个发展中市场，企业必须充分增长才能避免被边缘化，必须在自己的市场上牢牢占据领先地位才能够在市场小挫折迫使零售商削减代理品牌的情况下不至于被迅速排挤出局。

更为重要的是，区分有利的经济增长和不利的经济增长。对于一个 12 岁的儿童来说，1 年身高长 6 英寸是一种健康的"增长"，因为他长的是骨骼和肌肉；而对于 1 个 40 岁的成年男人来说，体重增加 20 磅可不是一种"有利的增长"，因为他长的都是脂肪。当然，长一定量的脂肪是必需的，但超过一定的限度就会成为负担，甚至危及健康。恶性肿瘤也是一种"增长"，而且长得很快。每个机构必须有能力管理或者控制自己的增长，这才是优势所在。每个机构必须有能力控制自己的"肥胖"程度，尽早发现"肿瘤"，并且施行外科根治手术把它切除。

道理很简单，能够提高整合在一起的生产资源（人力资源、资本和物质资源）生产力的增长，就像人体长骨骼和肌肉，但不能提高资源生产率，只能增加资产、扩大预算、多用人员或者增加销售额的增长（大多数 20 世纪 60 年代"投机性十年"期间问世的"多业混合经营公司"的增长）则是"肥胖"或者臃肿。一定程度的"肥胖"能够保护健康的机体组织，譬如说可以支持开展更多的研究活动，能够使环保设施投资成为可能。但超过了一定限度，"肥胖"就会成为负担，并且需要加以控制，而在实际上有损于关键资源生产力的增长就是需要施行根治手术的"恶性肿瘤"。

虽然道理简单，但只有很少的管理人员明白这些道理，而能把这些道理付诸实施的管理人员甚至更少。在未来一个时期里，我们迫切需要实际生产力的提高和真正的经济增长，因此，增长管理将成为企业要面对的主要挑战，而且也将是对管理人员的能力的严峻考验。

公共服务机构也必须学会增长管理。无论是美国的医院还是大学，都经历了一个甚至比企业界多业混合经营公司所经历的"投机增长时代"更加令人眼花缭乱的时代。美国医院和大学的很多增长长的是"脂肪"，而不是"骨骼"和"肌肉"，而有些无疑长的是"恶性肿瘤"。与此同时，虽然这些机构也开始承受越来越大的竞争压力，但却不用经受直接的市场检验。因此，它们更加需要管理和控制自身的增长。美国政府机关的情况也是如此。除非扩大预算是根据明确的特定目标来衡量的各种资源生产力的提高，否则，扩大预算是无益的，甚至会降低政府机关的执行能力。此外，纯粹依靠财政预算的机构的增长几乎肯定意味着精力和努力的分散，而不是能力和绩效的扩展。

工作与工人：社会要求

26 年前，通用汽车公司的查尔斯·威尔逊第一个提出"现代"养老金计划，希望养老金计划能够对劳资关系和人际关系产生深刻的影响。
正是这种前景促使从不轻信的通用汽车公司董事局接受了威尔逊的建
议。一般公众也持有这样的期待，工会领导人虽然最初反对这项计划，
但内心也有着这样的期待。

通过参加养老基金，美国的雇员真正成为美国企业的大股东。事实
上，美国雇员持有的美国企业股份已经大大超过查尔斯·威尔逊当初的
预期。然而，无论工作还是工人什么都没有改变，工人、工作群体、任
务和老板之间的工作场所关系一点都没有受到影响。这一点本来就是可
以预见的，并且实际上也被很多人预见到了。

那些现在建议我们重新创立养老金计划的人，如美国的路易
斯·凯尔索或者欧洲的奥塔·锡克，甚至比查尔斯·威尔逊还要乐观。
他们希望通过利用投资于公司股票的养老金计划把企业的绩效与员工
的经济保障捆绑在一起的方式来促成工业乌托邦。例如，奥塔·锡克
提出了他自己的计划，并且许诺这项计划将会解决"工资基金和资本
基金之间的矛盾"，从而消除劳资冲突。有人可能会武断地认为，这样
的计划就像美国的养老基金社会化，只能对工作和工作者产生很小的
影响。

至少一个多世纪以来一直有人坚持认为，只要能改变使工人成为
"所有者"的"体制"，就能自动应对工业社会的问题，无论这些问题被
诊断为"疏远""人从属于机器""流水作业线""剥削"还是简单的工作
单调乏味或者令人厌倦。但是，100 多年来，我们也知道，这种信念只
是一种不切实际的幻想，因为工人所有制的历史要比大多数人认为的悠

久许多。这种所有制已经尝试过多次，也只是对工作、工人或者工作关系产生过极其短暂的影响。即使工人全部拥有和控制一个企业，似乎也只会对劳资关系和工作中的人际关系产生很小的影响。

我们来举几个例子。一个是美国企业的例子：好时巧克力公司（Hershey Chocolate Company）是一家完全归员工所有并且完全代表员工利益的企业，但就是这家公司爆发了美国劳工史上最激烈的罢工之一。另一个例子是德国蔡司（Zeiss）光学公司，这家公司于1906年归员工所有，此举也没有对这家公司的劳资关系和人际关系产生任何重要的影响。今天，在美国以外，南斯拉夫工人"拥有"并"管理"着国家的大型企业，但据报道，南斯拉夫的工人所有制也同样是毫无结果。

同一时期，另一种更加广为人知的"体制"变革（国有化）提供了同样的教训。如今，英国最糟糕的劳资关系就出现在一些实行国有化的行业，尤其是煤矿业和铁路业。法国最糟糕的劳资关系就发生在国有化的雷诺汽车公司，而日本最糟糕的劳资关系则出现在了日本国家铁路公司。

但是，最多的经验肯定来自美国过去25年的实践。美国的实践应该揭穿了在某些领域视解决"劳资冲突"或者"疏远"的关键在于"所有制"或者任何其他"体制"的神话。

其中的一个原因就是简单的经济原因：无论企业的利润多么充盈，员工最关心的必然是工作能挣到的收入。企业的经济利润即使在效益好的年份，也很少会拿出收入的10%以上作为员工的工资和薪水。因此，即使仅仅从经济收入的角度考虑，对于雇员来说，工作（工资）要比利润分享或者所有权分享重要 10 倍。

与经济因素相比，心理、人际关系、权利关系甚至更加重要，这些因素是由工作而不是工作外因素决定的，还有员工、工作群体、任务、顶头上司和管理层之间的关系。[⊖]人际关系正是指人与人之间的关系。就如婚姻好坏并不是由民法造成的，工作关系的好坏也不是由"体制"造成的。

事实上有大量的证据可以证明，"劳资关系"并不是一个"工业体制"问题，而跟与什么样的人在一个组织里共事有关。但没有一点证据能够证明这样一个浪漫的幻想：前工业时期的劳动者，无论是工匠、已经满师的学徒工还是雇农都喜欢他们的师傅或者东家，能够彼此和睦相处，并且与工作、下属和雇主相安无事。工业社会与前工业社会之间的区别并不是"资本主义""机器"或者"生产流水线"，而仅仅是在前工业社会里不存在很多人在一个组织里一起工作的问题。我们所说的"劳资关系"或者"人际关系"是一些以组织内部工作和一起共事的工人为特点的关系。

"体制"确实能够破坏和谐的人际关系。例如，奴隶制度会恶化奴隶和奴隶主之间的关系。但是，只有关系在工作场所和工作中发挥作用

⊖　笔者最早在《公司的概念》和《新社会》详细论述和证明过这种关系。自那以来，弗雷德里克·赫茨伯格（Frederick Herzberg）在以前的美国凯斯西储大学和现在的犹他州大学提供了大量的经验支持，很多其他工业心理学家和社会学家也进行了大量的经验研究，并且得出了支持性结论。其中特别有价值的研究是心理学家艾略特·杰克斯（Elliot Jacques）和工业家威尔弗雷德·布朗（Wilfred Brown）勋爵于 20 世纪五六十年代在英国进行的"冰川心理分析"。《管理：使命、责任、实践》中的"使工作更有成效、员工更有成就"举例讨论了这个主题。

的情况下才能构建良好的人际关系。就像我们不能因为劳资关系和工作中的人际关系存在问题而谴责"体制"那样，我们也不能用"人性"来解释劳资关系和工作中人际关系的问题，或者用"人性"来为这些问题进行辩解，因为人性总是想要、希望甚至要求尊重工作和任务以及在工作和完成任务的过程中取得成就。在历次调查中，压倒性多数的在职员工都强调了工作的积极方面，并且试图掩饰工作的消极方面。他们并不期待"幸福"，但期待成就、责任和绩效。

其实，我们知道这些问题已经存在了 150 年。19 世纪 20 年代，罗伯特·欧文（Robert Owen，1771—1858）在苏格兰拉纳克郡接管了一家破产的棉纺厂，并且在短短的几年里把这家棉纺厂改造成了一家蒸蒸日上的企业。欧文没有对棉纺厂注入资本，他本人几乎身无分文，也不是理财奇才，对技术一窍不通，甚至还从没听说过"营销"。他所做的一切就是对工作进行管理，因此，任务明确，标准很高，并且允许（其实是要求）工人对工作、工作群体和绩效高度负责。

后来，效仿欧文方法的人都无一例外地取得了同样的成功。欧文最忠实的模仿者是阿尔弗雷德·克虏伯（Alfried Krupp），他能够占据欧洲重工业的支配地位，在很大程度上是推行欧文创立的劳资关系和人际关系管理原则的结果。同样，由于他的工人（"克虏伯人"）对企业的忠诚，他才能两次在德国战败的废墟上重新崛起。欧文原则在很大程度上成就了 IBM 公司的崛起，并且使它成为世界电子计算机行业的霸主。过去 25 年里发生的"日本奇迹"背后的一个主要秘密，就是以"继续学习"（由组织的个人和工作团队对工作、工作团队组织和绩效负责）的

形式实施同样的欧文原则。而在英国，两个贵格会教徒实业家凯德百利
（Cadbury）和朗特里（Rowntree）由于实施欧文原则而引领世界巧克力
行业数十年。

同样，第二次世界大战期间美国和英国工业实现的传奇式生产绩
效，在很大程度上也要求工人首先对自己的工作、工作团队、学习和绩
效负责。如今已经众所周知的每一项"创新"（"工作丰富化"、克莱斯
勒或者沃尔沃汽车公司对传统汽车装配线的改造、工作设计、安全和工
作量团队负责制）都在一个世纪以前就有过成功的实践，然后又多次成
功地被重新实践。

回答为什么没有吸取这些教训（或者美国和英国在第二次世界大战
期间吸取了这些教训以后怎么就这么快就忘记了）这个问题超越了本书
的范畴。一个原因肯定是过分迷恋已成为 18 世纪和 19 世纪"理性主
义"特点的"宏观现象"和"体制"。"工业体制"由许许多多"分子"
层次的特定关系和经验（单项任务、特定工作以及一系列亲历的具体人
际关系）构成。然而，"工业体制"与那个时代的传统观念和世界观都
是格格不入的。从欧文开始的成功故事已经广为人知，欧文的故乡拉纳
克郡是那时欧洲旅行者的"必去之地"，多少年来也是一个吸引旅游者
的重要旅游胜地。但是，并没有很多人效仿这些成功的故事。

相信"体制"是解决问题的关键，多么轻松方便，令人欣慰。那个
时代的实业家没有模仿欧文，而是指望"资本主义"能够创造工业和
谐。部分德国理论社会学家非常欣赏欧文和克虏伯，并且在从 1880 年
到第一次世界大战的几十年里统治了德国社会的思想。但是，如果"社

会化"能够自行解决工作和如何工作的问题，那么，仿效欧文和克虏伯必然就毫无意义。当然，如果改变"体制"就能毫不费力地改变劳资关系和人际关系，那么，我们一直以来根本就不用为这些关系进行任何的艰苦努力。

实际上这是一项艰苦的工作，⊖而且是再也不能回避或者拖延的工作。美国养老基金社会化的经验教训肯定具有明确无疑的意义，任何一个管理者都不能再以"体制"的变化为借口，来逃避自己管理工作和使工作者取得成就的责任。如果世界主要工业国家的生产性资源社会化不能改变劳资关系和工作中的人际关系，那么，其他"体制"变化也不可能改变这些关系。因此，无论企业、医院还是政府机关的管理者，都不能再有任何借口不着手完成自己所在组织内部的这项工作。目前，这项工作已经非常普遍，因此，我们知道该做什么和如何做。

养老基金社会化将对管理人员（就像在下一节里讨论的那样，还要对工会）施加巨大的压力，迫使他们致力于改善劳资、人际和工作关系的工作。首先，提高生产率要求对劳资和人际关系进行调整。人口统计数字的变化也会使劳资和人际关系方面的工作变得更加紧迫。尤其是知识工作者，只有对自己的工作、自己的工作团队以及自己的工作绩效负责，其工作才能富有成效；只有工作场所的劳资关系井然有序，知识工作者的工作才能富有成效。

在养老基金社会化的条件下，劳资关系会作为一个主要的优先目标

⊖　关于这个问题的完整讨论，请参阅"Productive Work and Achieving Worker"(Chapters 15-23)in *Management: Tasks, Responsibilities, Practices.*

和重要机会出现，但首先是作为一个对管理人员的重大挑战出现。这是一个企业、公共服务机构和政府机关管理人员都要面对的挑战。

工会在养老基金社会化条件下还能幸存下去吗

在工业社会的各种机构中，工会在 20 世纪获得了最具戏剧性的发展。20 世纪 10 年代，大多数国家勉强能够容忍工会的存在，而工会也被最大限度地边缘化。如今，有些国家的工会组织（如英国总工会）已经变得如此强大，以至于英国总工会通常被称为"真正的政府"（尽管也许有点夸张）。在美国，真正称得上"政府第四部门"的当然是工会，而不是各种大众媒体或者官僚政治。

在组织型社会中，工会肩负着一个必不可少的职责。无论是企业、大学、政府机关还是医院，任何组织都离不开管理，而管理就意味着权力和控制，工会承担着充当抗衡权力的职责。根据物理学的一个基本定律，"每个作用力都会产生反作用力"。工会就是管理层这个"作用力"产生的"反作用力"。因此，工会并不局限于资本主义，当然也不局限于企业。其实，非企业雇员，尤其是政府公务员，现在更加需要工会，而且工会在他们中间的势力更大。工会如果变成了"雇主"，那么就会发现它的雇员们会成立自己的工会来与他们的工会老板抗衡。

工会表现出了惊人的生命力。在发达国家，只要专制政权倒台，第一个重新出现的组织就是富有活力的工会。希特勒垮台后，德国就出现过这种情况。20 世纪 60 年代末，西班牙佛朗哥政权刚暴露衰弱的迹象，工会当时在西班牙虽然是完全非法的，但作为第一股有效的反对力量迅速成长起来。

不过，工会虽然地位显赫、势力巨大、职责重要、生命力强盛，但又特别脆弱，因为工会是一个绝不可能组阁执政的"在野党"。工会的"职业"就是反对管理层，其自身绝不可能履行管理职能。工会一旦履行管理职能，即便是有限地履行，很快就会丧失履行其主要职能（反对职能）的能力。英国参加国有企业（如煤炭局、铁路公司）管理委员会的工会领导人虽然小心翼翼地充当着代表雇员反对管理层的角色，但仍然丧失了控制工会的大部分权力，而大部分控制工会的权力转移到了那些反对工会领导人就像反对企业管理层那样卖力的工会积极分子代表手中。

最重要的是，工会虽然势力巨大、地位显赫，但毕竟是一种衍生机构。只要我们的社会仍然是一个机构化社会，那么，我们就无法摆脱管理人员和废除管理职能。制度变迁也许会导致从事管理工作和占据管理职位的人员的更替，导致管理者头衔的变化，并且导致管理者迎来新的上司，但无法改变社会对管理的需要，也基本改变不了管理的重要意义和管理者所从事的工作，甚至也不能使管理人员和管理部门的权力发生重大变化。

然而，没有工会，企业管理层照样能够很好地履行自己的职责。确实，大多数管理人员，无论是政府机关还是私人企业的管理人员都认为，如果没有工会，他们能够管理得更好。希特勒派了一个中尉和10名士兵占领德国工会的总部，就能取缔世界上历史最悠久、最受尊敬和最强大的工会运动。直到希特勒政权被外国军队推翻，纳粹德国甚至连秘密工会都没有。工会领导人对自身的脆弱性非常敏感，尽管他们大权在握，但他们总把自己看作时时受到威胁、处处被人困扰的弱者。在外部人看来，工会领导人的不安全感常常是一个令人费解的谜题，但工会领导人清楚他们的权力有赖于社会的忍耐。

养老基金社会化有可能把工会的脆弱性暴露在光天化日之下。无论在养老基金社会化中扮演什么角色，工会都不得不在同样危险的选择方案之间做出抉择，而这些选择方案每一种都会对工会的凝聚力提出挑战。

现在，有越来越多的雇员（工会声称是他们的组织并且代表他们的利益）既是"雇员"又是"所有人"。他们不但越来越关心自己的工作和工资或者薪水，而且也越来越关注企业的绩效和利润。同时，他们还越来越多地置身于两种根据工会的逻辑和说法相互排斥的跟"体制"有关的关系。

工会运动可以选择对养老基金社会化置之不理，这对于美国工会领导人来说是一种正常的反应——他们无意挑战业已存在的"体制"，但会要求把养老基金社会化一方的利益（员工作为雇员的利益）放在首位。第二次世界大战结束后，美国汽车工业联合工会会员维克多·鲁瑟（Victor Reuther）在美国军事占领德国的军队里服役时发明了一种"共同决策制"。在这种共同决策制下，工会代表参加企业监事会，但是根据德国公司法，他们不能参与作为独立机构的企业管理层。迄今为止还没有其他美国工会领导人觉得这种共同决定机制非常有用，也没有美国工会领导人希望通过"共同决策制"或者"共同负责制"来承担部分管理工作。因此，对于养老基金社会化的出现，美国工会领导人的第一本能反应虽然不是全盘否定，但几乎就是置之不理。

美国工会的第二个可选方案就是通过在雇员扮演所有人的角色时成为他们的代表，努力把养老基金社会化作扩大工会权力的手段。养老基金社会化的趋势变得越明朗，这个选择方案对于美国工会领导人就会变得越有吸引力。因为工会领导人会相当正确地认为，雇员应该占据监管管理层的传统所有人的地位，或者至少参与对管理层的监管。欧洲（尤其是北欧）的"董事会工人参与制"很快就变成了一种司空见惯的平常事，并且从法律上做出了规定。这一事实将成为美国工会争取参与企业管理的一个有力依据，也应该会成为对美国开明人士、大众媒体和学者颇有吸引力的论据。

然而，以上两种选择对于美国工会来说风险重重。无视养老基金社会化，只会加剧工会凝聚力已经受到的威胁：主要关心每周现金工资的青年员工与越来越关心未来养老金权利的老年会员之间的尖锐矛盾。在纽约市政府的财政危机中，很多老年雇员（教师、警察和消防员）甚至宁可看到纽约市府大幅裁员、削减开支，也不忍心看到通过把养老基金资产投在价值值得怀疑的市政债券上来帮助纽约市府摆脱困境。要知道，这样的减员节支不一定就会对享有年资权利的老年员工构成严重的威胁，而养老基金资产投资失误则肯定会损害他们的利益。青年雇员与老年雇员之间的矛盾之所以一直没有爆发，全靠纽约市政府公务员工会某些领导人巨大的个人权威在起作用。但是，每个工会领导人都知道这个矛盾始终存在，并且一直威胁着工会的凝聚力以及他们的个人职位。

劳动力重心越是从蓝领工人向知识工作者转移，忽视养老基金社会化的风险就越大。知识工作者并不比蓝领工人聪明，但他们视野比较开阔、知识比较渊博、信息比较灵通。而且，他们当中有很多经验相当丰富（或者至少是相当积极）的投资者。蓝领工人很多是一些"装配线操作工"，他们知道自己到时候能领到养老金，但也许从没听说过养老基金，更没有听说过养老基金投资问题。但是，工程师或者会计师非常了解养老基金投资的事，并且对此非常感兴趣。这些人自己也有理财的习惯，或者有过投资失误的经历。当然，工作仍然是他们最关心的事，并且是他们的首要关切。但是，随着年龄的增长，他们会越来越关心养老金，对管理他们养老金资产的基金产生越来越大的兴趣，并且也越来越意识到自己未来的养老金有可能越来越取决于自己持有的美国企业股权。

如果美国工会选择对养老基金社会化置之不理，那么就会因此而面临一个任何工会都承担不了的风险：其他竞争性组织主张代表雇员。因为，如果工会不为雇员承担所有人的责任，那么，某个其他组织很快就会取代工会为雇员承担这种责任。这样的组织可以采用多种形式，但不管采用什么形式，它们都可能成为工会的竞争对手。它们也可以是"劳工"组织——不是代表雇员以雇员的身份来对抗管理层，而是代表雇员以所有人的身份来监管管理层和雇员。而且，这种组织可能会导致工会丧失单独主张合法性、权力和影响力的权利，即工会是"雇员代言人"的主张权。工会领导人常挂在嘴上的"劳工团结"并不是一句空洞的口号。要知道，工会领导人的权力、他们要求会员听话的主张权以及在很大程度上要求会员忠诚的主张权都来自他们对雇员代表权利的垄断。

第二种选择也同样有风险：接受养老基金社会化，并且要求代表雇员扮演所有人的角色，可能会迫使工会领导人站在企业甚至管理层的一边与雇员对抗。雇员作为所有人的利益，至少不是在短期内，绝对不同于雇员作为雇员的利益。对于"雇员"来说，"利润"是"某种从工人手中夺走的东西"，总是被认为"巨大"并且肯定是"超额"；而对于"所有人"来说，利润是绝对必要的，是保证他们自身未来经济保障的基础。因此，利润几乎总是被认为"不多"，而不是"过多"或者"过高"。对于雇员来说，"生产力"是一个令人讨厌的词（即使在英国大部分行业和美国的一些行业（如钢铁业）已经设立的由管理人员和工人代表参加的生产力联合促进会里也是如此）。对于所有人来说，花钱雇管理人员，就是为了提高"生产力"。

对于坚决拒绝以任何形式与"管理层"同流合污的美国工会领导人来说，有充足的理由采取这种立场。只有最专制、最有影响力的美国工会领导人才会这样做，而且还能保住自己在工会的地位。20世纪40年代，为了挽救美国煤炭工业，约翰 L. 刘易斯（John L. Lewis）凭借其工会领导人的身份强制推行严厉的裁员，从而提高了生产力并且增加了公司利润。他确实拯救了美国煤炭工业，并且同时保住了仍被雇用的煤矿工人的"饭碗"。但是，刘易斯去世后，美国煤炭工会随即就土崩瓦解，并且到现在还没有恢复元气。现实中，只有很少的工会领导人有刘易斯那样的权威和权力，就像美国煤炭工业的"元老"那样敢作敢为。

因此，对于明智的工会领导人来说，以上两种方案都缺乏吸引力。在公开场合，美国工会领导人极力否认他们遇到了什么问题。但在工会总部紧闭的大门背后，工会领导人个个心事重重，而专门负责策划工会政策的工作人员更是焦虑不安。因为到现在为止，他们还没交出或者至少想出一个明确、安全、可行的行动方案。

有些事情正变得相当明朗，但还没有因此而变得比较容易处理。譬如，现在已经清楚，如果雇员最终能派代表参加企业和养老基金的联合理事会，但不一定就是工会领导人在理事会中任职，那么，对于美国工会运动、经济和养老基金来说都是一件非常值得欢迎的事情。当然，"公众董事"（一些掌握专门知识、与管理层和工会关系密切的知名独立人士）也许经特别授权可以代表美国雇员行使企业主要所有人的权利，并且与雇员和代表雇员的工会保持紧密的工作关系。当然，此举可能会导致"公众董事"或者"职业董事"与代表企业自身雇员的工会发生冲突，但他们仍是雇员的代表，并且依旧赋予美国雇员作为所有人应该享有的话语权、代表权和使用权。而且，"公众董事"应该还能够充当企业及其管理层和工会都需要的连接新的"所有人"（养老基金受益人）的桥梁。

最重要的是，养老基金董事会治理需要强势、独立的雇员代表。现在的工作和未来的养老金都涉及雇员的利益，都需要通过代表来为雇员监管。不过，这两种利益又是明显不同的利益，并且必须有各自不同的代表来监管。否则，未来利益必将从属于现在利益。而且，很多工会领导人已经从纽约市政府的事件中明白雇员养老基金资产（日益成为雇员的主要资产，并且是雇员仅次于工作的主要资源）的完整性必须得到保护。

同样，美国的雇员的利益，作为企业所有人的能力、生产力和绩效也必须有所显现。除非生产率和绩效得到提高，否则，工资和养老金索取权就不可能维持其实际价值，不是公开减少就是被通货膨胀吞噬。工会和工会领导人明白他们承担不起公众或者工会会员把通货膨胀归咎于他们的责任。

不管怎样，工会总要在不丧失其雇员代表职能的前提下，以某种方式变成一种整合的力量，因为工会代表作为雇员的代表采取行动时总要作为一种"对抗力量"与企业管理层抗衡。这当然要求大大改善劳资关系，并且为提高劳动者的生产力和责任心而进行长期的艰苦努力，而且还需要员工理解他们在组织内部作为企业雇员和"所有人"的双重角色。在这方面，劳动力结构向知识工作者的转向，即知识工作者占劳动力比例的扩大，应该显示出其助益作用，因为知识工作者通常总能认识到自己的双重能力或者作用——既是企业的雇员又是管理决策团队的成员。

但是，养老基金社会化所要求的工会必然完全不同于过去或者现在的工会。在我们所有的社会机构中，没有一个像工会那样在职能、义务和言论等方面受到了如此严峻的挑战。

总而言之，由于工会运动取得了很大的成功，因此，工会在社会方面的作用和职责正受到越来越多的质疑。任何发达国家对于"罢工的权利"还能承受多久？对于工资任由工会凭借其力量来决定的状况还能承受多久？对于管辖权分界线以及工会对进入行业和接受工作的限制还能容忍多久？如果权力都被剥夺或者受到限制，那么，工会还能如何行使其职责？最后，美国工会面临的最大问题也许不是其传统职能受到了限制和约束，而是在养老基金社会化条件下美国工会的新角色面临一种两难困境。

财产的新内涵

300 年前，约翰·洛克（John Locke）在他的自由社会宣言《政府论》（*The Second Treatise on Government*）（下篇）中指出，个人财产权神圣不可侵犯，因为个人"为取得财产权付出了自己的劳动"。与任何其他形式的财产相比，根据递延工资和"劳动"报酬原则设立的养老金索取权更加符合洛克对财产的解释。除此之外，养老金索取权不符合我们已知的任何"财产"定义，它不可分割、变卖、抵押、借贷、过户、遗赠或者继承。确实，把它称作"索取权"应该会使任何一位法学家大跌眼镜，"索取权"意味着特定的权利和可确定的价值。即使极少勉强满足这些具体标准（足额缴费、享有完全权利、有权领取死亡抚恤金）的养老金索取权，在受益人去世，即不再享有索取权之前，在权利和价值两个方面也是"不确定的"，或者说"得依具体情况而定"，而不是"确定的"。

我们在说"财产"时通常是指看得见摸得着的财产，但没人会把一个参加本企业养老金计划的蓝领工人称为"有产者"。养老金索取权是一种完全抽象的"财产"，它们是储存在电脑里的一些信息和推算结果，它们实际上不是"财产"一词一般所指的财产，也不是通常意义上的财产。我们通常所说的财产已经与生产性资源（农场除外）所有权只有很小的关系或者就毫无关系，一般是指"个人财产"，如自有住房、家具、汽车、电视机和厨房电器。这些东西都是要花钱买的，并且都有大小不一的转卖价值。但是，它们不能生产商品或提供服务，即不能创造"财富"。

自 19 世纪以来，普通大众拥有越来越多的个人财产，并且已经成为一个衡量"生活水平"的标准；而生产性资源所有权很快就变成了一种归雇员所有并作为他们劳动成果的养老金索取权，作为劳动报酬，而不是作为剥削成果或者"租金"的"剩余价值"。美国的雇员通过他们手中的养老金索取权掌握了越来越多的美国生产性资源（美国的工厂、矿山和机器设备，美国的银行和百货商店乃至除农田以外的主要资本资源）的控股权。正是这种抽象的、有条件的养老金索取权，持有了越来越多的"充分享受财产收益"的传统权利。

同样也正是这种无形的抽象权利，这种储存在电脑里的信息，这种价值未确定并难以确定的有条件的索取权，变成了大多数美国家庭最重要的资产和主要财富。

养老金索取权不大可能成为一种可以买卖、质押、租赁、遗赠和继承，价值可以确定的替代性有形资产，更不可能成为可转换成个人直接拥有"生产资料"的资产。当然，历史上，索取权（对一个场所、一份薪酬或者收入份额的索取权）曾经在几代人的时间里几次三番地转变为最为有形的财产。但是，养老金索取权在本质上就是与某个人紧密地联系在一起的，并且在这个人去世或者活到领取养老金年龄之前没有任何价值并且一直被冻结着。正是由于这个属性养老金索取权才是一种基于概率假设而不是确定性的有条件的权利。然而，支持养老金索取权的资产，如养老基金资产组合中的通用电气公司股票，当然是代表"生产资料"所有权的凭证，并且具有财产的所有特点。

因此，养老基金社会化的出现彻底改变了"财产"的内涵，至少创造了一种新的东西——我们暂且称它为"资产"。对于大多数美国家庭来说，这种资产要比它们拥有的任何一种"有形"资产更加重要，无论是房屋、汽车还是任何其他可以买卖、抵押和租赁、遗赠或继承的财产。于是，就产生了这种新型财产的权利以及这种权利所需要的保护等问题。

如果一个养老基金经理自己私用本应发给养老金计划受益人的资金，那么就犯下了挪用资金罪。如果他以养老基金索取权毕竟不是"财产"为由替自己辩护，那么必定会遭到嘲笑。养老基金索取权肯定是一种"有价值的东西"，因此会被作为普通日常交易中的财产来对待。但是，当要谈论养老基金索取权面临的最大威胁时，这样的类比并不适用。于是，我们就不把养老基金索取权作为财产来对待。因为，养老基金索取权不同于大多数其他财产，它有可能因被强制、错误地投资于低产出甚至无产出的资产，而不是高产出的资产而受到影响或者被灭失。首先，这种可能性意味着，政府可以通过强迫养老基金进行表面上安全投资（但实际上是永远也得不到偿还的强制征用和进贡）来剥夺养老金计划参加者的养老金索取权。

　　1975 年秋天，说服纽约市政府公务员养老基金卖掉他们持有的一流公司的证券，然后投资于纽约市政府的债券和票据，实际上就是一种"无偿征用"。这些新买的纽约市府证券违约风险当然很大，因此，纽约市政府公务员养老基金的托管人不可能承担这么大的风险。但是，纽约市政府的公务员几乎立刻就会发现，曾经向他们许诺的"补偿"（不解雇、不裁员、不降薪、不减少养老金福利）实际上不是可能兑现的。

　　因此，纽约市政府强行把其雇员的养老基金资产转化为提供给一个无偿还能力的政府的补助，这种行为肯定是对美国宪法第五修正案意图和精神的公然违背。美国宪法第五修正案明文禁止"不走法律程序就征用财产"，同时还禁止"不做公平补偿就拿个人财产充作公用"。然而，即使纽约市政府公务员养老基金会员控告纽约市政府、纽约州政府或者他们自己的养老基金托管人，宪法对财产的保护也还没有明确扩展到养老金索取权。因为，养老金索取权没有被法律认定为"财产"。

　　如果企业诱使自己的雇员把全部或者大部分养老基金资产投资于本企业的股票，那么实际上同样是在搞"无偿征用"。因为，这种行为不仅意味着雇员通过他们的养老基金给雇用自己的企业及其管理层提供资金（而不是为他们自己的退休准备养老金），而且最重要的是，还意味着将来至少有一半雇员最终领不到养老金或者只能领到很少的养老金。在所有企业中，只有不到一半的企业能够保持盈利甚或存续时间超过员工构建养老金所需的时间。1975 年秋天，美国参议员拉塞尔·朗提出的议案（前文已经提到过）依据美国宪法第五修正案的精神获得了通过。这个法案允许养老基金在进行了错误的投资以后享受税收补贴，因此在第一次应用于审理相关案件时可能就会被宣布为违宪。这个法案其实是在鼓励政府采取"不走正当程序"的征用手段。但是，任何一家美国法院都不大可能认定养老金索取权属于美国宪法第五修正案定义的"财产"。

政府不可能公然征用养老金索取权，因为这可能是政府在养老基金社会化条件下能够做得最不得人心的事情。但是，在政府的压力或者命令下通过强迫投资实施的征用是美国养老基金面临的一个实际威胁。然而，在养老基金社会化条件下，养老金索取权正在迅速成为最基本的经济权利和养老基金参加者的主要资产，而且也是在发达国家人口现状下社会能够用来解决其核心经济问题（赡养退休老人）的唯一途径。因此，养老金索取权不仅是一种"私人财产"，还是一种"社会财产"。

这种新型财产必须得到保护，这样才能使它免受它不堪承受的威胁——在政府的压力、诱惑或者命令下被迫进行胡乱投资的威胁。政府迫使养老基金进行胡乱投资，其实就是在对其公民实施征用，就是剥夺他们通过劳动获得的财产；而政府的这种行径必然会危及它所在社会的社会和经济基础。

不过，保护养老金索取权这种新型财产免受政府没收和征用的威胁，仅仅是我们眼下需要完成的最紧迫任务。总之，我们必须认真思考"个人财产"和"生产资料"性财产的不断分离对法律、经济和公共政策可能产生的影响。前一种财产现在已经成为衡量"生活水平"的一个标准，而后一种财产正在迅速成为受养老金索取权控制并且依附于养老金索取权的"社会财产"。在美国，除不动产和继承来的遗产外，"个人财产"大多免税，而生产性资产则因要缴纳企业所得税、股利所得税和资本利得税而被课征重税。在生产性资产日益成为赡养退休老人的必要手段的今天，这样的税收政策是否依然是最公平的财政政策？养老金索取权是否有自己的基本特点，是一种权利和价值都不确定的抽象物、集体"社会财产"的假设份额（而不是属于某人的具体"财产"）？那么，这种特殊新型财产的所有人可以享有哪些权利，又要承担什么责任呢？

但是，我们已经面对的首要和紧迫任务却是防范政府的贪婪、不负责任和轻率，把美国宪法第五修正案规定要给予财产的保护扩展到这种新型财产——构成我们社会"社会财产"的养老金索取权及其基础资产。

养老基金社会化与第三世界

到现在为止，我们只讨论了养老基金社会化对美国国内社会和经济的影响。但是，养老基金社会化会对美国在世界上的作用、立场和行为产生什么影响呢？

就对其他发达国家的影响而言，美国的养老基金社会化有可能为一个由美国引领的新时期奠定基础，但前提是我们能够解决由养老基金社会化带来的重大问题。美国应对人口统计数字的变化和生产资料员工所有制的举措，即养老基金社会化，优于西方其他国家或日本发展起来的任何其他解决方法。美国的解决方法直接指向发达国家社会面临的老年人赡养这个基本问题，但又规避了（比方说）斯堪的纳维亚国家解决方法的缺陷。斯堪的纳维亚国家的做法是把养老基金资金投入国家基金，从而实际使本国经济僵化，并且把一大部分养老基金资产错误地投到已经陈旧过时或者正走向衰退的夕阳产业，同时对本国经济和养老金计划参与者造成了危害。而一种像英国或日本养老基金主要把未来退休养老金建立在政府债务上的制度，倒也算是一种对付长期通货膨胀的办法。

但是，养老基金社会化提供的引领经济社会政策的可能性，只有在养老基金社会化带来的重大问题（如资本形成、政府压力下的强制性养老基金资产不良投资等问题）得到解决以后才可能成为现实。美国有充分的理由相信，到目前为止，美国在养老基金社会化方面所取得的成就至少已经为世人所知，并且引起了注意。不过，我们仍要证明我们能够解决养老基金社会化带来的各种经济和社会问题。

在实现了养老基金社会化以后，美国必将发现自己与第三世界国家之间存在着矛盾。但这种矛盾主要不是"体制"矛盾，而仅仅是一种部分由我们和他们之间的贫富差别或者"白人"与"非白人"人种差别造成的矛盾。首先，这是一个"代沟"问题。同时，养老基金社会化以及导致养老基金社会化的人口统计数字的变化，将会创造一些促进美国和其他发达国家与第三世界欠发达国家之间一体化的重要机会。

在发达国家，已经超过传统工作年龄的老年人正在成为主要的人口统计数字的重心；而大多数欠发达国家在同一时期则经历了方向相反的人口革命。贫穷的不发达国家或者发展中国家的婴儿出生率并没有像人们广泛认为的那样上涨。相反，在每一个我们掌握相关信息的发展中国家，自第二次世界大战结束以来，婴儿出生率稳步下降；而且，这些国家的婴儿出生率下降速度大多要大大快于同期西方的经济增长和发展速度，但婴儿死亡率的下降速度更快。在西方，就如前文所说的那样，婴儿死亡率直到19世纪末，也就是直到经济发展过程的较晚期才开始大幅度下降。在发展中国家，婴儿死亡率下降发生在经济获得实质性发展之前。

1940年，墨西哥每10个新生儿中只有3个能够活到成年，而1957年或者1958年出生的新生儿每10人约有7人今天已经长大成人。墨西哥的经历十分典型，发展中国家的新生儿成活率虽然各不相同，但上涨趋势相同，尤其是在南美洲和整个亚洲。

发展中国家的婴儿死亡率在第二次世界大战刚结束不久就开始下降，但直到20世纪50年代末才形成下降势头。发展中国家20世纪50年代末或60年代初出生并存活下来的婴儿现在开始长大成人，并且正在成为这些国家的人口统计数字的重心。到1985年，婴儿出生率与不断下降的婴儿死亡率之间的缺口应该会大幅度收窄，而大多数发展中国家人口统计数字的重心年龄将开始一路上涨。今天，大多数发展中国家有一半人口年龄低于16岁，而10年以后中间点应该在20岁左右。但如果这些年轻人在未来10年里找不到工作，那么将会永久性地成为失望的叛逆者。

未来10年，发展中国家将有大量的青年进入劳动力市场，因此将迎来非常严峻的挑战。最重要的是，未来10年，发展中国家青年的精神状态、言谈举止和价值取向将决定全社会的精神状态、言谈举止和价值取向。发展中国家将在更大的规模上迎来类似于发达国家在20世纪60年代末和70年代初经历的"青春十年"。当时，发达国家的人口统计数字的重心已经暂时转向早先时候"婴儿潮"时期出生的那些人。但是，正当发展中国家就要迎来"青春十年"（就像我们已经经历过的那样）时，发达国家正在转向两个新的人口统计数字的重心：一是年轻人，但更重要的是老年人。

发展中国家的"青春期叛逆"将引发远比发达国家"青春期叛逆"理由更加正当的"离经叛道"。不管怎样，发展中国家的"青春期叛逆"仍然是一种"青春期叛逆"，就像任何青春期叛逆一样也会把老年人视为"敌人"。今天，发展中国家的"老年人"应该能够读懂发达国家的社会：老年人确实成为人口统计数字的重心，并且有可能决定社会的价值取向、行为举止和精神状态等。发展中国家所面临的问题显然是"贫困""剥削""殖民主义""种族主义"和"帝国主义"，但真正的核心问题是"代沟"以及各种摩擦、争执、暴力和这导致的两败俱伤。

随着大多数发展中国家对绝对必要但只有北美尤其是美国能够提供的食品供给的依赖程度不断加大，这样的误解、相互对抗和两败俱伤必将进一步加剧。石油卡特尔无论对发达国家产生了什么影响，都已经对发展中国家发展食品生产能力产生了毁灭性的影响。就在多施肥对发展中世界变得至关重要，发展中世界只要能以低价获得大量肥料（主要是原油制品）就能提高粮食产出时，石油卡特尔却把原油制品的价格提高了3～5倍。与此同时，在世界各主要粮食产区，只有北美洲有能力、资本和技术在现有或者已知技术、农作物品种、产量和工具的基础上大幅度增加粮食供应。美国将因此而不断扩大它的控制权和市场势力，这只能加重第三世界"青春期叛逆者"的挫折失败感和无能为力感。

但是，发达国家（尤其是美国）与发展中国家之间的"代沟"同样也似非而是地为经济一体化提供了独一无二的机遇。发达国家与发展中国家在工作机会和工作需要方面正在变成互为补充的关系，从而使得发达国家与发展中国家之间的经济一体化变得势在必行。发达国家缺少劳动力，而发展中国家需要工作，双方可以在经济一体化条件下通过取长补短来获益。实际上，这种经济一体化虽然还只是处于其发展的初始阶段，但已经在全面推进之中。

发达国家正面临进入劳动力市场的青年人数绝对减少，而且愿意从事体力劳动特别是制造业工作的新进入者必将越来越少的局面。这种状况不可能再通过从还未工业化的农村地区向工业化的城市的大规模移民（无论是从日本农场向城市、美国南方腹地向北方还是地中海沿岸国家向西欧和北欧的移民）来解决。无论日本还是美国都已经不存在大量受教育不多、处于待业状态的年轻人，而北欧和西欧国家在接纳不同文化的移民方面已经达到了文化和经济的极限。而且，北欧和西欧国家都在进一步限制外来移民，甚至试图把一些"外来移民工人"遣返回国。因此，发达国家必须越来越集中致力于发展那些资本、管理、先进技术以及知识工作者供给良好甚至充裕并且能够提高生产力和增加产出的领域。

相比之下，许多发展中国家将会出现劳动力过剩，而且正好是发达国家现在短缺的那类劳动力——从事制造业非熟练或半熟练工作的青年劳动力。在大多数发展中国家，现在进入劳动力市场的年轻人学历或者技能都不是很高，但他们都集中在大城市。南美洲以及亚洲的大多数国家如今都在进行城市化，大约有 3/4 的人口生活在城市。这些居民已经做好接受现代工厂文化的准备。在这方面，他们要比发达国家从还未工业化的农村地区大量引进的工人（无论是从美国南方引进的佃农、从日本北方引进的农民子女还是从葡萄牙、土耳其或者摩洛哥引进的失业工人）进步很多。

从理论上讲，发展中国家可以引进资本、技术甚至管理，但是，大多数发展中国家不具备市场这个就业和经济发展的先决条件，它们也无法通过援助或者借贷来获得市场。只有发达国家能够提供市场和分销体系，而在没有市场和分销体系的情况下，除了大型发展中国家（如巴西）以外，其他发展中国家都不可能实现快速发展。因为，发展需要足够大的市场，这样才能发展适当规模的制造工业。发展中国家虽然不是全都不能，但只有很少几个能够依靠自己进入发达国家的市场。这可不仅仅是一个简单的"出口"问题，它需要有营销组织，当地的市场知识、消费者和分销渠道、营销金融以及营销管理。以上这些工作只能在当地现场，并且基本上都由当地熟悉市场、有过市场实践并取得过成功的人士（由听从发达国家总部指挥的营销和分销企业）来完成。阿拉伯国家的石油生产商虽然财大气粗，但没有一个表现出任何取代大型国际石油公司营销系统的意愿。这并非偶然，因为它们做不了市场。

因此，德国人常说的"Veredelungsverkehr"（任何其他语言都没有相对应的词，尽管这个词可直译成英语的"升级贸易"（upgrading trade））也许会成为国际经济交往的主导方式。发达国家集中致力于那些它们具有优势的生产环节。资本短缺越严重，就意味着资本会越来越集中在发达国家，发达国家就越应该进一步致力于那些一方面需要技术、管理和知识工作者，另一方面又需要营销知识、营销和分销体系和营销金融的生产环节；而发展中国家则应该越来越多地从事那些主要是劳动密集型的工作。发展中国家工资较低并不是一个重要因素。事实上，低工资国家的劳动生产力通常也比较低，而单位产出的劳动成本则相当较高。换句话说，"低工资"常常是一种错觉，并不意味着低劳动成本。重要的是，发展中国家拥有可利用的劳动力。

"Veredelungsverkehr"的一个例子就是像基本上由半导体元件组装而成的手掌计算器这样的电子产品。半导体元件在发达国家特别是在美国或者由美国公司生产，因为半导体元件研发需要高技术、持续创新、很大的资本投入和高超的管理能力。把半导体元件组装成电子产品的生产环节主要放到体力劳动力丰裕的国家和地区，如中国香港、新加坡或者印度尼西亚。然后，产品销售在发达国家由生产半导体元件制造和产品设计企业委托它们熟悉和有直接关系的分销商来完成。

这听起来像是"只有大公司才能做的事"。事实上，譬如说，在电子产业，这种"Veredelungsverkehr"的很多成功参与者都是一些小企业。在某些方面，小企业才具有优势，因为小企业比较灵活，而"Veredelungsverkehr"需要的就是高度的灵活性。当然，发达国家的大制造公司也越来越被迫致力于国际一体化，以便把发达国家的资源和优势与发展中国家的资源和需要整合在一起。未来的跨国公司越来越不是一些到处设厂但由位于纽约、伦敦、东京或者杜塞尔多夫的总部拥有并控制的公司，而是实行生产和分销一体化的全球自治（即便不是独立）企业系统。它的作用是提供资本、技术、管理和市场。今天在发展中国家饱受诟病的跨国公司自身的特点，即实行生产一体化并决定资源配置，也许就是发展中国家最需要的。事实上，对于发展中国家来说，跨国公司是它们未来 10 年在不发生大饥荒和社会崩溃的情况下赖以生存的一个必要条件。

如此看来，不仅仅发达国家（特别是美国）遇到了养老基金社会化需求与我们不远的过去的信念、口号和情感发生冲突的问题，发展中国家也将面对在社会流行的豪言壮语与社会现实之间做出抉择的问题。如果发达国家仅仅是因为单方面控制着剩余食品而继续如此明确地控制世界全局，那么，对于很多发展中国家来说，这将是一个重要的情感问题。但是，对于发展中国家来说，如果为了满足经济一体化需要而要调整它们的民族主义承诺和信念，那么，这就变成了重大的政治问题。然而，能够进行这样调整的国家和地区（新加坡是迄今为止在这方面做得最成功的）有可能向它们的居民提供最多的工作机会和最高的收入，并且为本国的经济增长和社会发展创造最大的机会。

对于美国和其他发达国家来说，经济一体化发展虽然具有明显的好处，但也造成了一些严重的问题。国际经济一体化理所当然地会招致工会的反对。工会有正当的反对理由：依靠发达国家人口不再能够维持的企业和行业歇业倒闭也许不值得同情，但在这些行业工作的工人值得我们同情。他们可能是一些上了年纪的工人，主要是一些技能不高、受教育有限的老年工人。新的工作岗位都是一些知识要求很高的岗位。由此造成的失业也许总体水平很低，但可能会集中在为数很少、就业机会选择不多的老年工人群体中间。发达国家不能维持老年劳动力密集型产业，无论怎么补贴也找不到足够的劳动力来维持这些产业。因此，我们应该鼓励，而不是反对与发展中世界劳动力富裕国家进行合作、开展经济一体化的做法。但是，我们还需要制定和实施专门的政策来重新培训、安置和赡养下岗工人，尤其是在发达国家不再能够招到足够员工的产业工作的老年下岗工人。

因此，发达国家与发展中国家之间的关系对双方都提出了大量的要求。人口统计数字的变化要求制定并实施一些抵制传统的经济民族主义、国际经济交往和"经济发展"观念的政策。不管怎样，国际经济一体化已经上路，并且正在迅速蓄势加速发展。无论这样的经济一体化是否有害，它已经为平息发达国家"愤世嫉俗的成人"与发展中国家"自以为是的青年"之间的"代际冲突"提供了即便不是唯一也至少是最好的机会。

关于对社会机构和新的社会问题的新的要求，最重要的不是它们的新颖，也不是它们的难度，尽管很多要求确实难以满足，而是这些新要求和新问题与今天主导我们新闻舆论和政策形成过程的思想倾向、标语口号和豪言壮语格格不入。不过，这仅仅意味着"舆论制造者"（新闻从业人员、政治家和学者）还没有感知到养老基金社会化或者引发养老基金社会化的人口统计数字的变化问题。我们改变自己的感知并且把以上两种变化视为基本、实在的既成事实的能力和意愿，将在很大程度上决定我们是否能够主宰这些新的社会要求以及美国是否能够在未来10年里形成有效的社会政策。

养老基金社会化带来的政治教训和政治议题

养老基金社会化的意义

25 年前，没人能料到养老基金竟然会拥有美国企业。但是，如果有人（无论属于哪个政治派别，无论持有什么经济主张）预见到这个结果，那么肯定会预言养老基金社会化必将对"体制"产生深刻的影响，权力关系也会因此而发生彻底变化。即使各种机构本身不一定会发生巨大的变化，管理者的角色和职责将发生巨大的变化。国家的基本策略也将会以某种方式从上层向底层转移。

但迄今为止，以上所说的各种变化没有一个已经真正发生。事实上，"社会化"来到美国对美国的各种机构、权力结构和策略乃至政治言论产生的影响非常有限。

　　养老基金社会化不但为我们创造了机会，也向我们提出了问题，譬如新的政策问题。人口统计数字的变化，尤其是大量已过工作年龄的老年人的出现，产生了意义深远的影响。但从根本上说，这些问题没有一个是"社会化"造成的问题。就其对"体制"的影响而言，养老基金社会化的作用只能算"微不足道"。

　　考虑到美国体制的所有批评者那么狂热地拥戴各种社会化的灵丹妙药，这种认为社会化微不足道的想法看上去十分荒谬。但是，"真正的信仰者"在他们的千年梦想遭遇现实时总是采取类似的借以慰藉的做法。因为这个现实（以及美国实践的重要教训）就是今天我们面临的各种选择不再是 19 世纪[⊖]的那些选择。

　　从某种意义上说，发达国家的基本矛盾其实就是分权制和集权制之争。在分权制下，决策由为数众多的多元化权力中心负责，因此给个人留下了很大的自由空间；而在集权制下，权力掌握在一个可被称为"军人－知识分子复合体"的小集团手中，他们喜欢为自己盗用"社会化"的名义，并且通过"转移性支付"来收买低效率或者无效率群体以保住权力。虽然这种权力之争非常激烈，但不及以白人为主的发达世界与以非白人为主的不发达或者欠发达世界之间的"代沟"重要，因为发达世界与欠发达世界之间的"代沟"在很大程度上植根于人口因素而不是制度因素。发达世界的主要人口现象是老年人口的增加，而欠发达世界的基本人口现象则是婴儿死亡率下降和由此引发的（低技能、低学历，需

　　⊖　丹尼尔·贝尔（Daniel Bell）在《意识形态的终结》中根据一些完全不同的前提推导出的一个结论。还请参阅拙作《已经发生的未来》和《断层时代》。

要吃饭和工作的）年轻人在人数上的爆炸式增长。

非政府政策的效力

从某种意义上说，盲目相信"政府，只有政府才是执行社会政策和采取社会行动的有效机构"是 20 世纪初的产物。这种盲目相信已经被美国的发展实践所证实。因为，美国的养老基金社会化的出现并没有得益于政府计划或者政策，而主要是非政府私人部门机构多元化、自愿采取社会行动的结果。

今天，美国或其他发达国家已经很少有人真正相信政府的"计划"。其实，对政府执行计划（除了构建庞大的官僚机构和大肆挥霍外）能力的普遍怀疑倒是一个真正的危险。尽管我们这代人已经失去了那种先在 20 世纪 30 年代盛行、后在 20 世纪 60 年代重新流行的对政府几乎无限的信任，但现在也似乎没有其他选择，因为没有任何其他机构能够取代政府。

因此，非政府行动通过养老基金实现了深刻的变革这一事实教给我们一个重要的教训：在过去从第二次世界大战结束和日本随后实施的土地改革以来的 30 年里，任何发达国家政府实施的经济和社会变革计划没有一项取得了接近于养老基金运动的效果。事实上。我们可以不太夸张地说，养老基金运动并不是赫伯特·胡佛（Herbert Hoover）式的"个人主义"，而是过去 30 年里唯一一项真正收到效果、兑现诺言的经济和社会计划。养老基金都是一些集体组织，而它们的主体是另一些集体——大型用人单位。但是，它们都是非政府机构，并且从这个意义上说都是一些"私人机构"。它们体现了利用我们"组织型社会"已有的私人非政府机构来确定和实现社会目标并满足社会需要的功效。

美国养老基金的发展实践也说明了这样的非政府多元化私人机构行动在制定和实施社会政策和社会计划方面比政府行动效率更高的原因。美国的养老基金首先是为了满足尚未成为"问题"的需要而发展起来的。事实上，25 年前，养老基金开始出现时，我们还没有人发现人口统计数字的巨大变化以及随之出现的开发一种老年退休人员赡养机制的需要。换句话说，这种解决方法是在"问题"存在之前被发现的。因此，这种解决方法能够被用来妥善解决老年退休人员的赡养问题，而不是去迎合某种抽象的说教或者理论。

多元观也使得各种不同的实践成为可能，而最合适的方案（通用汽车公司的养老基金方案）则脱颖而出。在通用汽车公司的方案中，养老金问题通过一种投资机制来解决。这种方案在当时就使得在没有引发"革命"甚至没有带来很多麻烦的情况下推行重大的社会变革成为可能，同时还使得检验很多不同的方案并且削减甚至淘汰那些看似诱人但实际起不了作用的方案成为可能。30 年前，也就是在通用汽车公司养老基金方案出台之前，由工会管理的行业性养老金计划看起来很像一种方案。鉴于这些方案执行效果很差，现在可以明确它们并不是真正的解决方案。如果没有社会非政府私人机构通过多元化的实践来发展和检验不同的养老金计划方案，那么，我们到现在可能还在坚持错误的计划和错误的方案。而社会保障迅速退化为赤字缠身的福利代理机构这一事实也同样表明，纯粹由政府大包大揽的养老保障方案至少在我们这个国家既不可能取得正确的结果也不可能成为永久性解决方案。

以上都是一些重要的经验教训，尤其是在不再有人接受甚至相信政府和政府的计划不会出错的今天就显得更加弥足珍贵。

必须采用养老基金经验教训的第一个领域很可能就是养老基金本身。如前所述，美国的社会保障遇到了很大的麻烦，并且正变得入不敷出——既因为通货膨胀，也因为它已经蜕变为"福利"计划，还因为退休年龄规定太刚性，缺乏灵活性，迫使那些还想工作挣钱的人非自愿退休。因此，政客们试图通过抹杀养老基金成就和征用养老基金的资产来改善社会保障的现状，从而"解决"社会保障问题。这种做法对于他们来说实在是太诱人了，但无助于社会保障摆脱目前所面临的危机，倒可能摧毁或者至少危害养老基金，从而危及美国工人的退休保障。

如果说我们能从美国养老基金取得的成就中得到什么启示的话，那么肯定是：解决美国社会保障所面临问题的最好办法就是尽量把社会保障交给私人部门，也就是交给已有的非政府部门养老基金运作和管理。这样做可能仍得把私人养老金制度（基于年金和投资的养老金制度）无法解决的问题（老年贫困群体以及一小部分没有参加社会保障的人的生活保障问题，或者说直接的福利问题）留给社会保障来解决。虽然社会福利金能够帮助上述群体缓解他们的困难，但真正要解决问题还得靠他们自己。我们必须防范以牺牲运行良好的养老基金制度来解决边缘"问题领域"的做法，但肯定有人会主张尝试这种做法。

美国养老基金的经验教训也可用于美国的医疗保健事业。30 年来，主要由于政府管理不善，英国国民健康服务署被剥夺了它所需要的投资资金，因此已经明显陷入了财务困境。自那以来，美国由政府统一管理、无所不包的"国家医疗保健制度"就失去了昔日的很多光彩。我们也许会原谅一种现在十分流行但并不切合实际的反话"美国的医疗保健制度投入最多，产出最少"。美国人也许最终会明白，美国的医疗保健支出占国民收入的比例与所有其他发达国家相同，而产出并不比任何其他发达国家少。也许，我们可以不再非常不受欢迎地指出迄今仍无人问津如何解决美国医疗保健事业明显存在缺陷的两个方面：最贫困人口和人口稀疏的乡村地区的医疗保健问题。

不过，我们还应该注意避免这样一个危险：在考虑医疗保健问题时忘记了养老基金的教训，并且试图取缔而不是利用我们现有的多元化（但也要承认并不非常有序）的医疗机构和医疗费用支付机构。如果说我们能从养老基金的经验教训中获得什么启示的话，那么就是：只有鼓励多元化的社会自治机构承担主要责任，并且发展竞争性的不同可选方案，美国的医疗保健事业才能像养老基金那样有希望取得成功和绩效。只有那些"不可保的边际领域"才应该交给政府去处理。

养老基金的经验教训也必须被应用于教育事业。我们必须保持由税收支持的私立高等教育多元化，这可是美国高等教育的一个优势所在。不过，就在这方面也存在一个实际的危险：在生源不再增加的时候，私立非政府高等院校在得不到很多税收资金支持的情况下，必须要与得到政府巨额补贴的高等教育机构同台竞争。补救方法十分简单：只要重新启用第二次世界大战以后《退伍军人权利法案》中行之有效的发明：只要是退伍军人选择的学校，无论私立还是公立，都能获得一笔不多但合理的助学金。

多元化的办学方法完全可以推广应用到中等乃至基础教育。等农村变成城市后，就失去了某个给定学区的所有学校强制执行统一教学方法和大纲的理由。如果同一个郊区社区有五六所小学——如今大多数郊区社区都有这么多的小学，那么就没有理由只实行一种教学方法，而应该有两三种教学方法以满足不同学生的不同需要或者学生家长的不同偏好。现在，我们明白，其实并不存在一种适合每个孩子的"正确"教育制度或者教育理念。过去，实行单一教育制度的做法是说得通的。那时，大多数人生活在小村庄里，只负担得起一所通常只有一个老师的学校。那时也确实应该执行一种教学方法和强调统一性；而且还应该赋予学校垄断权，否则，学校就可能没有资金来源。但是，今天我们就没有理由不允许选择和竞争。其实，我们完全应该允许选择和竞争，否则，我们就不可能发展不同的教育方法、课程体系、教学方法以及我们非常需要的那种学生更好学、老师更善教的学校。

虽然养老基金的经验教训可以推广应用到很多不同的领域，但每个单一应用领域都没有成功的经验本身重要。现在流行说"混合经济"，在混合经济中，一个重要的"公共部门"与一个"私人部门"并存，并且依附于私人部门而存在。其实，除了混合经济，我们还需要一种"混合社会"。在这种混合社会里，我们既能发挥政府的长处和能力，又可以利用非政府自治社会机构的长处。政府应该负责制定政策，并且做一些只有政府能做的事，如国防、执法。但从根本上来说，政府不应该是

"执行者",而应该是决策者、愿景制定者、目标确定者。政策始终要求刚性,因此,制定政策就必须有说服力、合理的理由、坚定的立场和广泛的普遍性;"执行"则需要实践的意愿和能力;而"计划"必须要注重实效,否则就会失败。不管怎样,政府难以满足注重实效的要求。至于满足需要或者利用机会的应对措施,我们必须有能力动员社会非政府机构的资源。这不是主张"个人主义",而是提倡非政府"集体主义"。在过去半个世纪的大部分时间里,依赖政府已经成为我们这个社会的特征。养老基金所取得的成就至少向我们证明了一种替代政府的方案。很多人虽然公开表示了怀疑、嘲讽并不抱希望,但似乎还是觉得别无他法。如果我们真能发展一种非政府自治机构执行所需计划的"混合社会",那么最终就能把养老基金在美国的出现看作政治理论和实践的转折点。

富裕的神话

养老基金社会化最后的政治教训就是:富裕是个神话。差不多在 20 年前,约翰·肯尼斯·加尔布雷思(John Kenneth Galbraith)使"富裕"(在这之前还是一个相当深奥的术语)变成了一个家喻户晓的词语。在他的《富裕社会》(*The Affluent Society*)(1958 年出版)一书中,加尔布雷思提出了两个重要命题。一是美国经济已经达到了产出基本上无极限的程度。经济约束因素已经消失或者正在变得无关紧要。因此,加尔布雷思认为,美国政府机关和公共服务部门再保持传统的节俭习惯不但没有道理，而且令人震惊。他对"私人部门"的富裕或者大多数美国人的生活方式与公共部门的"拮据"进行了比较。在加尔布雷思看来，公共部门的开支可以或者应该不受经济限制。

任何其他经济文献都没有获得如此快速的响应，在随后的两年里，加尔布雷思的基本思想就发挥了作用，并且变成了美国经济政策的基石。从约翰 F. 肯尼迪（John F. Kennedy）当选美国总统以后，美国公共政策所依据的两个原则虽然被简化，但就是加尔布雷思在《富裕社会》中表达的思想：美国在经济上能够承受任何负担；公共部门支出可以并且应该尽快增加。

在过去的 15 年里，美国的公共开支获得史无前例（当然不只是指和平时期）的增加。在加尔布雷思出版《富裕社会》时，美国联邦政府的财政预算是 700 亿美元，而到了 1976 年已经增加到了 3950 亿美元，但还是有人质疑正式预算封顶在 3950 亿美元上是否太低，是否应该设置预算上限。美国各州和城市政府也增加了它们的开支，甚至速度更快。如果扣除美元购买力下降的因素（美元购买力下降当然主要是由美国政府支出和赤字急剧增加造成的），那么，美国政府的财政支出在过去的 15 年里增加了 3～4 倍，或者说平均每 5～6 年就翻了一番。国防支出在 1958 年是美国主要的财政支出项目，但在截止到现在的 10 年里，按照扣除通货膨胀因素后的实际美元计算，无论是占财政预算的比例还是占国民收入的比例，国防支出都在一路稳步下滑。这也许并不完全是加尔布雷思所预见到的结果。加尔布雷思用于 1958 年美国政府机关和公共服务部门的"拮据"也许用于 1975 年的某些政府机关和服务部门（如纽约市、美国邮政局或者联邦住房计划署）更加适合。如果这些政府机关和服务部门真是"拮据"，那么肯定不是因为缺钱。

加尔布雷思的第二个命题（美国经济变得如此"富裕"，以至于有能力承担任何社会需要的开支）甚至获得了更加广泛的认同。自从《富裕社会》出版以来，"我们负担得起吗"这个问题虽然没有被视为愚蠢的问题，但也越来越被认为无关紧要，取代它的问题是"我们是否想要"如果回答是肯定的，那么就会被理所当然地认为我们负担得起。

时至今日，我们显然依旧买不起很多我们也许想要的东西。"富裕"也只是一种错觉，而且今天没有比这更加显而易见的了。美国产出能力的极限、制约因素和不足正在迅速成为美国经济和社会政策的核心问题。美国政府和国会都一致认为，在制定预算时必须先根据国家经济的承受能力设定一个支出上限。从纽约开始的大城市财政危机或者社会保障面临的危机威胁，其根源就在于我们还没有能力承担我们想要的一切。

重要的并不是加尔布雷思自以为是的"富裕"假设已经被证明是站不住脚的，而是为什么这种假设不能成立。加尔布雷思以及追随他的经济学家和政治家们都没能考虑到人口统计数字的变化这个因素。今天我们面临的很多重大的公共政策"危机"，其根本原因就是出现了很多需要靠在职人员的生产来赡养的老年人。纽约市政府以及美国其他大城市和州政府问题的根源都是养老金索取权资金储备不足，尤其是养老金索取权的既往服务负债资金储备不足。这也是造成正在逼近的资本短缺的根本原因，同样也是造成纳税人在为社会保障和养老基金缴纳了占他们收入 1/5 的税费以后反对承担更重税负的主要原因。虽然人口统计数字的变化理应在 1958 年还是在 1960 年预见到这一点还没有定论，但在 20 世纪 60 年代中期政府开支开始以爆炸式的速度增长时肯定已经能够观察到。

现在，到了 20 世纪 70 年代，除了那些故意视而不见的人，我们大家都清楚地看到，美国经济的真相并不是"富裕"，而是需要提高生产力来赡养那些过了工作年龄的老年人。在未来的 10 年里，随着赡养比变得日益不利，这个需要甚至会变得更加迫切。"节俭"这个加利福尼亚州州长布朗、马萨诸塞州州长杜卡里斯或者俄勒冈州州长斯特劳布这些"民粹主义自由分子"所偏爱的新流行词，与当年的"富裕"一样充满了夸张的色彩。美国的所谓"节俭"在最富有的其他发达国家中可能仍算是浪费，并且要超过很富裕的"发展中国家"最大胆的梦想。但是，这个词获得了如此广泛的传播和那么多选民的注意这一事实本身已经清楚地说明，美国的经济资源和经济生产能力受到的限制（而不是它们的富裕）正在成为美国经济政策的核心问题。

在我们从养老基金社会化以及导致养老基金社会化的人口统计数字的变化可吸取的经验教训中，"节俭"将是最难以接受的经验教训。人人都赞成"节俭"——意味着别人削减他们的宠物计划，或者至少不进一步增加这样的计划。但是，这个经验教训的真实含义是必须改变所有我们需要优先考虑的问题，从我们希望解决的问题到必须解决的问题。最重要的是，我们必须承认，老年人口的赡养问题即使只能通过提高私人部门的绩效来解决，也应该成为政府公共政策的重中之重。从我们有关"节俭"的全部讨论来看，无论是我们的政治家还是一般公众都还没有做好接受"节俭"影响的准备。

但是，我们根本就没有选择，我们只能得出这样的结论："富裕"是个神话，美国经济的现实是生产能力承受着极大的压力，必须提供为赡养快速增长的老年人口所必需的商品和服务。我们能做的唯一选择就是：承认还是不承认这种需要。无论我们是否承认，这种需要不会因为被忽视而自行消失。

福利社会与福利国家

根据美国社会保障局公布的数据，在截至 1975 年 6 月 30 日的财政年度里，美国各级政府（联邦、州和地方）机关的福利支出已经达到了 2870 亿美元。根据同一数据来源，非政府社会福利支出达到了 1000 亿美元。因此，美国的福利总支出大约高达 3900 亿美元。

这并不是美国的公共服务总支出，政府另外还有 2000 亿~2500 亿美元的财政支出，其中包括 1000 亿美元的国防支出，其余的则用于邮政赤字补贴、修建公路、交通运输补贴、国家公园或者城市供水和排水系统等众多公共服务方面。此外，公众还得为获得在大多数其他发达国家由政府财政预算负担的各种服务直接支付大约 1000 亿美元的费用：2/3 的医疗保健费用、相同比例的教会学校和私立高校等非税收支持教育机构的费用。因此，"公共"服务总支出（实际上是从挣工资的人向公共部门的"转移性支付"）共计 7000 亿美元，即接近国内生产总值

14 500 亿美元的 50%。

　　顺便说一下，与任何其他国家的公共支出相比，这都是一个很高的比例，甚至超过大多数其他发达国家的公共支出占国内生产总值的比例。我们常听到美国人花在公共部门服务上的支出少于其他国家公民，其实是一个谎言。只有瑞典公共服务支出占国内生产总值的比例超过美国。任何其他国家无论是目前由工党执政的英国还是由保守党执政的日本，公共服务支出占国内生产总值的比例都比美国低，而且大多数国家是大大低于美国。

　　4000 亿美元的福利支出几乎要占到美国国内生产总值的 1/3，所有这些"福利金"全都支付给了这个或那个"少数群体"，如黑人、穷人、墨西哥裔美国人等。老年退休人员无疑是这些"少数群体"中最大的群体，但是，他们从社会保障和雇主养老金计划获得的养老金和其他福利金只占福利支出最小的份额——大约 1000 亿美元。而老年退休人员是唯一在工作期间曾经通过社会保障和养老金计划缴费为他们自己的赡养做出过贡献的少数群体。这也许不能成为他们更应该享受福利补助的理由，那么，发放福利补助应该采取什么标准呢？如果过去的口号"各尽所能，按需分配"可被作为哪些人可以享受福利补助的最宽泛标准，那么，辛苦了一辈子、到退休年龄的老年员工应该排名最靠前。此外，与其他每个少数群体形成鲜明对照的是，在享受福利补助方面，老年人口群体拥有非常多的外部支持者。每个 50 岁以上的人，更不用说 55 岁以上的人，在不远的将来都有望成为老年退休人员群体中一员。

　　今天我们用于赡养老年退休人员及其遗属的大约 1000 亿美元大大

低于我们每年已经必须要花费的金额。如前文所述，很多退休金计划（始于社会保障，包括大部分地方政府的退休金计划，还有一些企业养老金计划）严重缴费不足，尤其是在补足既往服务年限负债方面。如果我们能够全额补足退休金缴费欠费，那么大概每年需要1400亿～1500亿美元，也就说要把我们现在的年度财政预算再增加一半。而在未来的10年里，需要赡养的人口（包括到退休年龄的老年雇员和已故雇员接近老年的遗属）将增加1/3。从现在起到1985年，赡养老年退休人员及其遗属以及补足既往服务年限养老金累积欠费所需的资金总额，即使不扣除通货膨胀因素也要至少增加1750亿美元甚至2000亿美元。

目前还没有增加这笔预算的准备，最不可能增加的就是社会保障，而其他福利预算已经在快速增加，尤其是政府机关的福利计划。后者往往"暗箱操作"，因此难以控制，或者说，现在的政治观念就是这么认为的。

因此，美国现在被夹在了向老年公民做出的许诺与对特殊利益群体（单独人数不多、政治势力也不大，但意见很多、十分醒目的其他少数群体）做出的承诺之间。兑现对这两类群体的承诺并没有很大的可能性。真要兑现承诺，就意味着社会福利支出要比1975年增加50%～60%。即使美国经济能够快速增长，福利支出也会以比经济增长更快的速度增加。到了20世纪80年代，如果我们继续现在这样的速度，那么，单单福利支出（不包括国防、医疗保健、教育、交通运输和环境保护支出）也要占到大幅度增长的国内生产总值的一半。

现在的老年人口并没有成为"福利国家"的受益者，他们完全是在自谋生计。今天的在职人员通过赡养今天的退休人员来为自己未来的退休缴纳准备金，他们组成了一个"福利社会"；而其他福利支出则是"福利国家"的财政支出项目，即收入从生产者向非生产者的转移，但生产者毫无回报。那么，"福利社会"与"福利国家"两者是否相容呢？我们是否有能力同时负担"福利社会"和"福利国家"呢？在两者彼此冲突的情况下何者应该优先呢？这些都将成为美国重要的政治议题。

政治家在遇到这种情况时最先做出的第一反应总是要求课征更多的税收。可以想见，这也是纽约市的政治家们对该市财政危机采取的应对措施，而纽约市的这场财政危机也是"福利社会"与"福利国家"之间（在纽约市的案例中是对纽约市政府公务员养老金计划的资助与关于很多其他"少数群体"的福利支出之间）未来"战争"的第一场重要遭遇战。但是，增税已经被证明是一种完全不适当的应对措施。首先，增税有可能加重而不是减轻病症——就像纽约市必然发生的情况那样，增税只能加快无论是个人还是企业生产者的离开。其次，增税不再是一种可以容忍的补救措施。美国乃至所有发达国家的纳税人被逼急了都会举行罢工。他们已经承担了赡养老年人的沉重负担，而且他们迟早也会成为老年人。他们不愿或许是无力多缴税来支持其他"少数群体"的"福利国家"，因为他们无意在任何时候成为这些少数群体中的一员。

应对福利社会与福利国家冲突的替代性政治措施就是允许通货膨胀。但是，此举只能是一种权宜之计。每个社会群体都试图"跑赢"通货膨胀，结果只会加剧通货膨胀而无益于问题的解决。

增税和通货膨胀也许能够把冲突推迟到"下一次选举"，但肯定不能拖得更久。这两招只会导致问题变得更难解决，冲突变得更加激烈，分歧更加严重、更加难以调和。目前，我们虽然还没有遇到这种状况，但也已经距离这样一种状况不远：在职人员拒绝缴纳更多的税金，而老年人（先从在职老年人开始）不能容忍通货膨胀。最后，我们必将面临一种令人讨厌的局面：不是削减老年人的福利社会的福利就是砍掉"应受救助的少数群体"的福利国家的福利，而且必须当机立断。

在过去的 20 年里，美国的人口统计数字一直朝着一个方向变化，结果导致到退休年龄或者接近退休年龄而关心自己养老金的人越来越多。与此同时，美国的社会政策则朝着一种主张资助"弱势群体""贫困群体"或者"应受助群体"的"良心政治"发展。到头来，这样的背道而驰变得难以容忍——两种互相矛盾的承诺超出了可以忍受的程度。现在，大家都在猜测容忍极限多快就达到。但有数据显示，过不了几年，矛盾就会达到不能容忍的地步。

如果通过投票表决来解决冲突，那么几乎可以肯定老年人一方胜出。他们有在职中年人的支持，因此能够赢得接近多数的选票。当然，他们现在仍缺少一个杰出的倡导者。无论怎样，政客们擅长改变自己的立场，他们会站到实力较强的阵营一边。

公平地讲，老年人群体还有一个非常有利的条件。他们不但已经为自己未来的退休缴纳了养老金，而且还一直善意地履行着合同，因此，他们不但不用乞求施舍，而且还能向社会尤其是作为雇主的政府机关索要很多年来它们没有履行合同义务（如未设置养老金准备或准备不足）而积欠他们的债务。其实，老年人们只是索要一直以来别人许诺他们或者他们应该得到的东西。法律早就承认了一种特别的"劳动者留置权"
（workingman's lien），并且规定"劳动者留置权"优于所有其他债权人
的权利。劳动者通过履行职务就能获得这种留置权，老年退休人员拥有
的实际上就是一种对社会产品的"劳动者留置权"，因为他们曾经工作
过。至于"劳动者留置权"是否应该优于"慈善"索取权，只有不计后
果的玄学家才愿意去对这个问题做出裁定。

当然，以上所讲纯属推测，但以下结论绝非推测并且几乎可以肯
定：由人口统计数字的变化创建并且通过养老基金社会化来运作的"福
利社会"的索取权与"福利国家"的要求之间存在着必然的冲突。

平 等 之 争

尽管多只养老基金相当独立，但它们作为通用的机会平等和美国
"少数群体"特殊的机会及权利平等的驱动因素同时出现。因此，法律
现在禁止就业方面的年龄歧视以及种族、宗教或性别歧视。但是，就业
方面最严重的年龄歧视无疑是社会保障法对年龄超过 65 岁的老年人继
续工作实施的惩罚以及按大部分养老金计划设定的年龄实施的强制性退
休。这种歧视也很可能是在美国对"机会平等最公然的违背"，而且肯
定也是涉及面最普遍的违法实践。

20 世纪 60 年代，平等的驱动因素的焦点从少数种族转移到了妇女
身上。在 20 世纪 70 年代结束之前，美国很有可能通过旨在保障妇女享
受完全平等权利的宪法修正案。社会保障机构是美国性别歧视最严重的

主要机构，但迄今为止，社会保障机构仍没有做出任何改进。某些社会保障规定明显歧视已婚职业妇女，如要求她们必须在按自己的缴费领取养老保障金或者领取退休人员配偶或遗孀的养老保障金之间做出选择。双职工家庭缴纳了双份社会保障税，但一同申报并缴纳一般所得税或者资本利得税的已婚夫妇也不能享受任何优惠。在夫妇两人缴费退休后可领取的两份退休收入中，有一份（通常是已婚职业妇女那份）会被社会保障机构没收侵吞。

这样的事情在美国历史上并非偶然。当然，20世纪20年代，刚开始谋划社会保障时，只有很少的已婚妇女参加工作，因此，社会保障重点考虑的是退休工人不工作的妻子或者已故退休工人没有工作的遗孀。但是，到了20世纪30年代中期社会保障付诸实施以后，对已婚职业妇女的歧视可以说是故意所为，并且严重违背了原先的初衷。后来，到了大萧条的中期，双职工家庭被认为是不合需要的，而嫁人后仍然工作的女人会因抢走了男人的工作和其他家庭及其妻小的收入而被谴责为“反社会分子”。因此，美国社会保障立法反映了一种不利于职业妇女的故意的偏见。然而，在老年人口中，女性明显占据多数；而在老年女性中，职业女性几乎又占据多数。

在老年人口快速增加和养老基金迅速发展的时候，又有人激进地提出了人人（截然不同于权利平等和机会均等的）收入和条件平等，尤其是针对“弱势少数群体”的收入和地位平等的强烈要求。平等主义成了一种在发达国家迅速蔓延的强烈激情。只有民族主义对现代社会的政治气氛产生过更加强烈的影响，但在所有的“少数群体”中，老年退休人员这个群体遭遇了最普遍的收入不公。正如平等主义者通常所说的那样，64 岁又 360 天的在职员工与穷人或者贫困黑人等"少数群体"相比简直就是"特权阶层"。不过，再过几天，到 65 岁退休后，他们的收入只有几天前收入的一半或者更少。

1975 年年底，美国出现了第一起指控社会保障法歧视已婚职业妇女的诉讼案子。1976 年年初，第一份建议宣布仅以年龄为依据强制员工退休为非法的议案提交到了美国国会。从现在起，随着老年人口在未来 10 年里的急剧增长，关于老年人（尤其是老年妇女）享受平等待遇的要求将变得日益强烈，并且必将越来越深入人心。这种要求到了 20 世纪 70 年代末和 80 年代初将与"妇女解放"一起竞相演变为政治和法律议题，因为老年退休人员（以及到了退休年龄不愿退休的人员）是美国社会（或者任何其他发达国家）在人数上遥遥领先的最大"少数群体"——大于穷人、黑人或其他"少数群体"。他们也是唯一人数快速增加的"弱势群体"。这个"少数群体"会越界与所有其他群体发生交叉关系，并且最具代表性，每个人都有望加入这个群体。也许，每个人都不希望自己变老，但与未老先逝相比，大多数人宁可逐渐老去。这个群体的成员变成弱势者，并不是他们自己的过错，但也不是别人的过错。没人从他们的衰老中受益，也没人夺走他们的财产，更没人压迫或者剥削他们。他们没有像所有其他弱势少数群体（或者多数群体）那样被作为"社会的牺牲品"。恰恰相反，他们标志着"社会的成功"，但他们是真正的少数群体，并且遭遇了真正的收入不公。

在一个像我们这样自诩对不平等非常敏感的社会，我肯定不会对老年退休人员遭遇的不公不闻不问。他们人多势众，他们手中掌握的选举权能够保证他们的意见受到重视，而当前的平等主义倾向也能确保他们的呼声有人倾听。

此外，这个群体遭遇的不公不同于任何其他群体受到的不公。而且，处理不平等问题的传统方法不是在这里没有用武之地就是只会导致问题恶化。

历史上解决不平等问题的标准方法就是做到"机会均等"，也就是说，向每个人提供工作和受教育等的平等权利。机会均等当然不会带来报酬公平。不同的绩效和能力会得到不同的报酬，这就是道德哲学家们所说的"公平"。但首先，消除机会均等的障碍，有可能导致社会和经济绩效的大幅度提高（这个论点可追溯到亚当·斯密，甚至在他之前的大卫·休谟）。因此，历史上解决不平等问题的标准方法就是出于"同情"向那些因能力严重不足而需要社会赡养的人员和群体提供必要的救助，当然（如果完全能做到的话）就是要把不平等问题转化为容易管理的问题，即把不平等问题限制在那些条件不平等是由先天、不可逆的严重禀赋不平等造成的人员范围内。

不过，一直以来有种观点把"条件公平"特别是"收入平等"作为真正的平等，并且把"机会均等"视为极端不公平。根据这种观点最经典的表述，胜人一筹的能力毕竟是与生俱来的，因此，就像继承来的财产、地位和肤色一样，不应该有权获得较高的报酬。在过去的几十年里，就是这种平等观已经开始在发达国家逐渐占据主导地位。哈佛大学哲学家约翰·罗尔斯（John Rawls）在他最近出版、读者面很广的著作

《正义论》(*A Theory of Justice*) ⊖中，对这种平等观进行了毫无保留的表述。在罗尔斯看来，机会均等是一种欺骗，除非机会均等能导致结果公平，即收入公平。因此，罗尔斯在书中得出结论：凡是道德哲学家（以及各大宗教）一直以来认为"公平"的东西（"论功行赏"或者"以过量罚"）实际上并不公平。相反，公平就是给予那些条件尤其是天赋条件（无论能力还是动机）有欠公平的人以补偿（罗尔斯用了"救济"一词）。不像大多数早期条件完全均等的拥护者那样，罗尔斯并不认为**人**生来就平等——其实正好相反。但是，他要求**社会**绝对公平，甚至应该偏袒那些生来就遭遇不平等待遇的人。天生低能可能不是社会的过错，但因此而造成的不平等在罗尔斯看来就是对公平的背弃和社会的过错。

从根本上说，这种平等，即收入或者条件的平等，与经济绩效无关。事实上，每一个收入或者条件平等的拥护者都认为，为平等付出沉重的经济代价在所难免。再说，关于这种平等，阿瑟·奥肯（Arthur M. Okun）最近在《平等与效率：重大的抉择》(*Equality and Efficiency, The Big Trade-off*) ⊖一书中做出了最明确的陈述。阿瑟·奥肯是一名很受尊敬的经济学家，曾在约翰逊总统经济顾问委员会任职。经济学家几乎无一例外，都认为机会均等更加公平、有效，而奥肯则自诩是一个坚定的平均主义者——这本身就是一件新奇事。奥肯虽然"认为最好能够实现绝对的收入平等"，但又强调指出，条件平等需要付出机会均等所不需要付出的代价。我们每向收入平等迈进一步，除了要承担由提高机

⊖　Cambridge, Mass.: Belknap Press, 1971.
⊖　Washington, D. C.: The Brookings Institute, 1975.

会均等概率产生的代价外，还意味着效率和生产力的损失。用奥肯的话来说，"任何坚持均分馅饼的做法都会使馅饼变小"。因此，任何一种平均主义政策都必须对平等和效率进行权衡并做出取舍，而社会为了某种"实际可行性"可能甚至必须接受一定程度的收入不平等。

机会均等意味着"向上拉平"，是一个渐进过程，而且也不是针对所有人，有时甚或不是针对很多人；而条件平等对多数人来说则意味着"向下拉平"。

罗尔斯和彻底的平均主义者无疑会拒绝接受奥肯关于为了实际可行性而必须接受一定程度的收入不平等的结论，并且会谴责奥肯怯懦地容忍不公平。但是，即使罗尔斯也不可能质疑奥肯得出以上结论的前提"收入平等会带来一定的经济效率和生产力成本"，他只是认为这个成本无关紧要。

其实，罗尔斯和奥肯仅仅表达了很早以前已经有人表达过的观点，只不过表达的方式不同。但是，他的观点也有一些新的东西，那就是如今没人敢公开赞同以前几乎不言自明的东西：这样的不平等（无论源自条件、财富、出身、神职还是儒家等级制度所宣扬的学习）都是适当的、公平的、自然的甚至是必需的。如今已经没人在吟诵莎士比亚《特洛伊勒与克莱西达》中以下台词时会产生共鸣的感觉：

噢，一旦地位发生变化，
进取心就会丧失。

而今天的流行说法可能是：

除非地位发生变化，

否则就会丧失进取心。

现在，唯一的问题就是：通过机会均等或通过收入和条件平等来实现平等，哪种方法是真正的"平等"，并且能够满足公平、公正和道德的要求。

但是，这两种观点无一适用于老年人这个美国新人口统计数字的重心遭遇的不平等问题。我们必须给予老年退休人员更多的机会均等，并且不像我们现在所做的那样否定他们的工作权利。不过，这样做也只能缓解问题，但不能从根本上解决问题。

在"机会均等"的观念中隐含着"只要机会均等，人人都能获得条件和收入平等"的信念。无论是什么原因造成的，个人遭遇的机会不均等终将会消失。因此，这里又隐含着"至少对于个人（虽然也许不是对于整个群体），'机会均等'能够解决甚至消除'不平等'问题"的意思。然而，即使我们取消到年龄强制退休的规定，也只能推迟除已故者外的老年人遭遇不平等待遇的时间。

我们不知道有多少老年人到了退休年龄还愿意继续工作，愿意干多久，愿意做什么工作，但我们知道很多老年人到了退休年龄仍有能力工作。毕竟，1900 年有 1/3 的 65 岁前工作的人仍然继续工作到超过现在硬性规定的"退休年龄"，他们当时的身体状况要比今天 65 岁人的身体状况差很多，而他们当时的工作对体力的要求要比现在的工作对体力的要求高得多。今天只有 1/7（14%）劳动者过了 65 岁（至少申报收入的）还在继续工作。但是，考虑到 65 岁以上的老人哪怕有任何额外收入，都要受到社会保障方面的严厉处罚，过了65岁仍在工作的实际人数可能完全不止这些。当然，在1990年那个年代，只要经济许可，很多还在工作的人宁可退休。如今，情况正好相反，如果社会保障的相关规定准许的话，很多现在已经不工作的人要是没有被到了规定年龄必须退休的规定拒之门外，那么可能情愿继续工作。在已经退休的体力劳动者中间，确实有很多人并不怀念过去的工作、同伴或者曾经令自己兴奋的往事。退休以后，他们怀念的是过去的工资。但是，对于各个层次的专业技术人员和管理人员以及技术工人和手艺人来说，即便退休后仍有不菲的收入，退休也仍是一种可怕的威胁，而不是什么令人向往的事情。

但是，即使现在65岁以上继续工作的老年人超过1900年时占六七十岁老年人1/3这个比例——这是完全可能的，到了70岁、80岁或者90岁仍在工作的人数也肯定会大大减少。但是，高龄老人仍然继续工作并且绩效良好的绝非没有——卡萨斯尔（Casals）、毕加索（Picasso）、霍尔姆斯（Holmes）大法官和托斯卡尼尼（Toscanini）都是现代的一些例子。不过，大多数人即使身体状况允许，也可能没有那种让艺术家、作家、学者和企业家在高龄继续工作的内在动力和劲头。从现在起，造成老年人口迅速增加的主要原因是老年人的长寿，而不是65岁以上人口的增加。同样，对于老年人群体来说，随着丧偶后退休金的减少、私人储蓄的可能用完、寂寞孤独感日益严重以及对医疗保健需要的不断增加，不平等必将成为他们晚年生活中的最大问题，并且对他们的伤害也最严重。

因此，老年退休人员遭遇的不平等，至少较大部分是条件不平等，而较小部分是机会不均等。要知道，"条件"是不可逆转的，用罗尔斯的婉转说法，这是由缺乏"天赋"造成的不平等。

不过，提高老年人收入平等程度的唯一途径，更确切地说，阻止老年人收入变得更加不平等的唯一途径，就是提高"效率"。但是，平等与效率之间的任何"平衡"只能使老年人的收入更加不平等。就是在这个方面，老年人的处境从根本上不同于任何其他"弱势"群体："往下拉平"只能有损于老年人的利益，而绝不可能有利于他们。以牺牲效率为代价来提高平等程度的做法，在经济上是不可持续的，而在政治上则是不可行的。即使对于像约翰·罗尔斯这样最坚定的平均主义者来说，这种做法从道德上讲也是错误的。

其中的一个原因就是需要的资金规模太大，即使维持老年退休人员相对不平等的现状，也必须大幅度提高生产力。从人数上看，老年退休人员将与劳动人口以相同的速度增加。即使阻止老年退休人员接近平等和机会均等的障碍有所降低，也就是，如果降低或者取消对退休后继续工作的老年人的处罚，充其量也只能阻止赡养比的进一步恶化。因此，以牺牲效率（生产力）为代价来促进老年人收入平等的措施（极可能通过通货膨胀或者减少他们的退休养老金）只能缩小可用于赡养老年退休人员的国民收入份额。

从政治上看，似乎也极不可能（甚至难以容忍）通过缩小分给劳动人口的"馅饼"份额来增加分给老年退休人员的份额。从在职员工过去20年的表现来看，只有在他们的现金收入能够等额增加的情况下，他们才会答应承担更多的养老金费用，无论是多缴社会保障税还是多为养老金计划缴费。而在职员工才是唯一有能力为提高退休人员实际收入做出贡献的群体，我们没有其他收入或者财富来源可以利用。平均主义者总是假设，弱势群体遭遇的"条件不平等"是由其他一些群体"不当牟利"造成的，是"特权群体""强势群体"或者"肥猫"巧取豪夺的结果。不过，老年退休人员遭遇的"不平等"并不是任何人不当牟利造成的，也没有任何"过错"需要纠正，再说没有人能够"返老还童"。美国在职员工也难以接受他们是"特权分子"和"不当牟利者"的观点。从政治上看，人人都能接受的提高老年退休人员收入平等程度的唯一途径，就是把整个馅饼做大，而不是以缩小整个馅饼为代价（换句话说，以牺牲效率为代价）来增大某人的份额。

从道义上看，标准的平均主义论点并不能用来解决老年退休人员遭遇的收入不平等问题。如果通过"平衡"效率和平等的方式来提高老年退休人员的收入平等程度，那么，由此而产生的成本可能全部要受益者来承担，不然的话就由大家来分担。因为若干年以后，或者最多几十年以后，那些被要求做出牺牲的群体自己也将变老并且退休。只有在永久或者长期"补救"某个遭遇条件不平等的群体，而不是从长期看制造更严重不平等的情况下，这样的牺牲从道义上讲才可能是合乎情理的。

此外，把平等与效率之间的平衡作为解决老年退休人员条件不平等的手段，不但在经济上缺乏实际可行性、在政治上也不能接受，而且也缺乏道义上的正义性。从经济、政治和道义的角度看，我们所需要的是收入的普遍增加，就意味着需要"效率"的普遍提高，这通常需要强调"机会均等"，而不是"收入平等"。但是，对于老年人来说，更多的

"机会均等"只能起到缓解和推迟的作用，但无法从根本上解决问题。因此，我们必须发展一种实现"收入平等"的方法，把平等与效率之间的平衡的做法看作不利于公平的实现，并且更加强调"收入平等"。借助于回应平均主义"机会均等"能解决大部分问题的观点的传统做法并不适用于老年退休人员，而传统的"平均主义"在这方面甚至没有用武之地。

因此，我们也许看到了两种"平均主义"，两者都强调"收入平等"，而不是强调"机会均等"，但却与人人有望获得更加平等的手段是格格不入的。传统的"弱势"群体（如美国社会非常贫穷或者地位很低的黑人）将继续迫切需要以牺牲效率为代价的平等，也就是通过"逆向歧视"把提供经济保障、工作机会、晋升机会和收入作为对过去受剥夺或者（用罗尔斯教授的话来说）对他们"天赋不足"或者"出身卑微"的"救助"。老年退休人员这个新的"弱势"群体不需要"救助"，他们需要的是基于更高效率的更加平等。

事实上，情况可能早已发生实际的变化。参议员乔治·麦戈文（Georges McGovern）1972 年竞选美国总统失败，这与他试图赢得口头"平均主义者"的支持而丢掉了工人特别是被认为"有阶级觉悟"的老年蓝领工人的选票有关。关于麦戈文竞选失败的原因，流行的宽容解释是"建筑工人投了反对票"。在竞选期间媒体报道的评论中反复援引了老年工人解释他们拒绝把选票投给麦戈文的话是："我必须考虑自己的退休养老金，而他的施政主张对我们的养老金构成了威胁。"或许，这些老年工人并不比麦戈文少"平均主义"，但他们关心的是老年退休人员对收入和条件平等的新需要（他们自己若干年后的需要），而不是传统的平均主义需要。因此，他们是在为人数远多得多的"弱势少数群体"说话，而不是为那些麦戈文有所求的"弱势少数群体"说话。

因此，不同的平等（基于较高效率的平等以及基于一种导致截然不同的政策和两个群体之间严重分裂的"救助"的平等）之争很可能成为养老基金社会化条件下的一个核心议题。

迄今为止，我们还没有找到一种尽善尽美的方法或者能够彻底解决问题的方法。这是一个关系到一种"正确"与另一种"正确"之间对立的议题，对这样的议题即使达成妥协也很困难。但是，无论美国还是其他发达国家，这个议题还真不能拖得太久，更不能回避。其实，这就是一个目前还没有充分的经济产出来满足两种"平等"需求的问题，而这个问题的实质就在于满足"弱势群体"和"需救助群体"需要多少产出以及我们的社会和经济为满足他们的需求愿意牺牲多少"效率"。因为，从经济、政治甚或良心的角度讲，老年人的需求，即唯一可以通过提高效率来满足的需求，肯定应该优先满足。

通货膨胀与失业：哪种邪恶较小

自大萧条以来，失业一直被视为现代社会与经济特有的、最严重的疾病；而在养老基金社会化条件下，通货膨胀则被认为是产生这种疾病的主要原因。那么，失业是否会变成较小的邪恶呢？为了控制通货膨胀，一个社会能够并且将实际承受多大程度的失业？这两个问题日后有可能成为核心的政治议题。

养老基金社会化和引发养老基金社会化的人口统计数字的变化，导致经济容易以两种方式发生通货膨胀。一种方式当然就是：在总生产力没有得到相应提高的情况下，试图增加雇员的工资和雇主的养老金缴费（或者退休人员的养老金）。由于雇员在工资收入没有获得补偿性增加的情况下不会接受多缴社会保障税或者养老金，因此，通货膨胀的危险始终存在。

第二个通货膨胀的危险源自"储蓄"持续向"伪储蓄"（退休人员的消费）的转移。除非这种转移被资本形成的实际增加所抵消，否则必然会导致英国人所说的"滞涨"：经济因资本形成不足而停止增长，并且伴随着消费对物价的通胀性压力。

通货膨胀对靠养老金生活的退休人员构成了最大的威胁，同样也对 50 岁以上日益关心未来退休金购买力的在职员工构成了很大的威胁。这两个群体合在一起几乎占到了成年人口的多数。到 1985 年，他们将真正占据多数。由于养老基金社会化，他们比以往任何时候都更加关心通货膨胀防范问题。在美国的政治体系中，这个具有共同关切的庞大选民群体，当然构成了一个重要的"利益集团"和一股强大的政治力量。

即便是低通胀率（例如每年 2% 或 3%）的持续通货膨胀也会侵蚀退休准备金的价值。3% 的年通货膨胀率会导致从 40 来岁缴费到 65 岁领取退休金前缴纳的养老金减少一半的价值。两位数的通货膨胀在短短的几年里就会实际摧毁养老基金。未来的养老金准备只有在货币购买力被认为相当稳定的前提下才有意义。通货膨胀不但会侵蚀为未来设置的养老金准备的价值，而且还可能侵蚀甚至摧毁养老金在在职员工心目中的价值和意义以及他们为了未来的安全现在放弃部分消费的意愿。

我们早就知道，通货膨胀是一种腐蚀性很强的社会毒药，并且能"溶解"我们社会和社区中的信任契约。通货膨胀每 400 年导致社会所依赖的阶级"中产阶级"的异化。中产阶级不但代表或者主导着社会的价值观、制度和生产性（而且不仅仅是经济生产性）资源，而且还拥有足以维持生活的经济手段。对于这些人来说，通货膨胀是一个始终威胁着他们社会地位、自尊以及社会公正信念的危险。尽管如此，经济学家特别是在过去的 30 年里仍倾向于只把通货膨胀作为经济问题来看待，甚至宣称轻微的通货膨胀始终是一件好事。$^{\ominus}$但是，由于养老金信托已经成为社会需要提高经济绩效的手段，因此，从经济的角度看再也不能为通货膨胀辩护了。即使是"轻微的通货膨胀"，一种"自由主义"经济学家可能会认为最起码的通货膨胀，对于退休人员以及人到中年的在职员工来说也都是一种实实在在的威胁。

同时，对于养老基金的"选民"，即退休人员和老年在职员工来说，失业是一种非常小的威胁，甚至根本就不是什么威胁。显然，已经退休的人并不直接（甚至也不怎么间接）受到失业的威胁。50 岁以上的员工年资已经很高足以受到不被裁员的保护，而且更加关心退休福利问题，

$\ominus$　在过去的 30 年里，"自由主义"经济学家中间流行着一种"轻微的通货膨胀意味着经济繁荣和增长"的观点。应该说这种观点是没有一点根据的。在从 16 世纪发生高通货膨胀到第二次世界大战爆发的 350 年里，价格波动、就业和生活水平之间有据可查的关系虽然并不支持"价格稳定（甚至缓慢下跌）时期往往就是国家繁荣、人民生活安宁、经济发展的时期"这一论点，但可以证明价格波动、就业和生活水平三者之间没有任何相关性。

因此会以与退休人员相似方式来看待自己的利益。这也许可以解释以下
两个问题：1973～1975 年经济衰退期间，虽然失业率很高，但选民为
什么最关心的仍然是通货膨胀，而不是失业问题；工会领导人和被他们
选进工会的"自由分子"所热衷的抗衰退和抗紧缩措施为什么没能激发
"待业人员"的热情。

经济政策应该能够实现就业稳定和货币稳定两个目标。事实上，在
艾森豪威尔执政时期，稳定就业和币值还被认为是理所当然的事。导致
养老基金社会化的人口统计数字的应该有利于实现各工作年龄群体（除
了少数 20 岁不到的年轻人外）稳定的高就业目标，因为对于 20 岁不到
的年轻人，无论制定怎样的政策，在未来 10 年或更长的时间里，都无
法为他们提供充分的工作机会，更不用说提供有质量的工作机会了。不
管怎样，促成养老基金社会化的人口和经济因素都将使得防范通货膨胀
比过去 20 年更加困难。

在 20 世纪结束前的未来 25 年里，美国将要经历的时代和职业结构
需要一种兼顾高就业和美元币值稳定的经济政策：

各种关键资源首先是资本和知识工作者的生产力稳定、持续提高；

资本形成的稳定、持续增加，也就是在收入不断增加时扩大储蓄
（而不是消费）份额的意愿稳定、持续提升；

虽然用于赡养老年退休人员的支出必将占据公共支出和国民收入更
大的份额，但仍要终结用于"转移性支付"和福利支出的公共支出和国
民收入份额的增加趋势。换句话说，其他福利支出，至少其占国民收入
的比例，必须有很大幅度的下降。

即使单从经济的角度看，这是一些要求很高的必要条件，但绝非不能满足。从政治的角度看，它们在今天显然非常不受欢迎。但是，如果这些条件得不到满足，那么我们必须权衡：失业甚至是很高水平的失业与通货膨胀**哪个成本较低**？

经济学家和政治家都倾向于认为通货膨胀是较小的邪恶，并且是一种"可以控制"的邪恶。但问题是，在养老基金社会化条件下，选民是否仍能同意他们的观点？

美国政坛的新联盟

我们已经知道，养老基金社会化及其成因的人口统计数字的变化必然会产生新的问题，并且要求新的政策。它们还会产生一些新的议题，可以想见都是一些与上一代人遇到的很多最明显的议题不相关的议题。它们会从根本上影响美国社会的情绪、精神状态、价值取向和行为举止，进而影响美国政坛的情绪、精神状态、价值取向和行为举止。

我们同样知道，养老基金社会化正在孕育一个真正的新的"利益集团"，并且正在创建这个利益集团据以组织起来的机构。这些机构能够代表新的人口中心和社会新重心（已经退休的老年人以及越来越关心养老金准备的 50 岁以上的在职员工）的重大关切或优先关注的问题。

那么，这个新的利益集团是否也会导致美国各派政治势力的重新选边站队呢？这个新的利益集团具备各种成为新的政治核心的条件，它是一个跨界存在的利益集团，它的成员既有白人又有黑人，既有男性又有女性，既有中产阶级成员、白领员工又有蓝领工人。因此，它有能力凝聚美国社会不同界别的成员，并且动员他们为了某个共同的利益团结行动。这个集团的利益可以明确界定，它只有凝聚其成员的利益，而没有分裂集团的冲突。这样一个利益集团的成员不会各行其是，而只会统一行动，因此，这样的利益集团有可能成为一个统一的中心、美国政治的中心。

此外，这个利益集团还是一个自身利益明确的集团，但它不追求"私利"。"凡是对老年人有益的事也对美国有益"，也许不是一个非常"蛊惑人心"，而是一个看似有理的口号。因此，作为利益集团，这个美国新的人口结构重心能够以美国全社会最好的利益代表自居。毕竟，美国社会的每个成年成员（当然是大多数作为雇员参加工作的成年人）最终几乎都会把自己看作这个新利益集团的一员。凡是对这个集团有益的事情也许不一定马上就有益于其成员，但也不会有害于其成员的长远利益。对于人数众多而且不断增加（退休后的生活依靠已成为他们最关心的问题，养老金索取权显然已经成为他们最大的资产和最值钱的财产）的老年劳动人口来说，所谓的"长远"也就意味着几年的时间。

一个具有战斗力的政治派别需要有可识别的共同"敌人"，而这个新的利益集团也有这样的"敌人"。这个新的利益集团有三大议题需要其成员团结起来共同面对。第一个议题就是为了维护退休和养老制度"福利社会"的利益而反对"福利国家"；第二个议题是提高生产力以补偿他们遭遇的不平等的利益与那些威胁生产力提高的平均主义要求之间的矛盾；第三个议题是把币值稳定作为重点乃至重中之重的经济政策。不过，除此之外，这个新的利益集团并没有"能做什么"和"不能做什么"的具体规定，因而变通性强，能够与任何其他机构或群体开展合作。总的来说，这个利益集团的使命并不会导致它与美国社会的传统主要利益集团（无论工人、农民、商人还是中产阶级雇员）发生冲突。

这个新的利益集团有自己的代表机构——养老基金，因此具有为提高自己的知名度、代表性和作用而把自己组织起来的手段，对自己已拥有的美国企业能够有效行使控股权的机构，并且把"资产经理"作为自己的"专职"代表，因而能够接触大学、新闻记者、舆论制造者，当然还有政治家。这个新利益集团的代表机构完全不同于美国其他利益集团据以接触舆论制造者和决策者的传统组织，这个事实本身也许就能提高这个代表机构的效力和权力。"资产经理"正因为是职业经理人，所以不会去充当游说的说客。

最后，这个新的利益集团将长期存在下去。无论是成员人数（集团的绝对实力）还是占成年人口的比例（集团的相对实力），在未来一个很长的时期里都将获得增长。当然，20 世纪 60 年代出生的"青年一代"也已经成为一个新的"人口统计数字的重心"。但是，他们是一种短暂的过渡性现象，在刚引起公众关注、表达意见和扩大影响力不久就开始逐渐消失。老年人群体不像"弱势少数群体"，他们不是因为个人成功或者社会行动条件发生变化或者作用变小而团结在一起。老年人的条件和在人数上的重要性会长久存在，或者说至少在未来长达几十年的时间里将"确定"不变。

这个新的利益集团所具备的以上特点，对于任何美国利益集团来说，都是成为政治联盟中心几近理想、只能在教科书中见到的资质条件。养老基金社会化就是在美国各传统政治联盟似乎陷入一片混乱的时候出现的，那么，这个代表养老基金社会化的新利益集团是否会导致美国各派政治力量的大重组呢？它是否会成为美国政坛上出现的新的核心力量、新的多数派呢？

当然，我们不能排除养老基金社会化将会导致一个永久性多数派（但它既不是"沉默的多数派"也不是"新的多数派"，或者任何其他过去几年出现过的多数派）的诞生。这个永久性多数派可能将包括50岁或55岁以上的在职员工或者大多数参加雇主养老金计划的雇员；随着自我雇用者养老金计划的快速发展，还将包括自我雇用者，其中又包含像律师、医生、小企业主和家庭农场主这样的劳动者；还会包括参加养老金计划的已退休员工；另外还包括设立私人养老金计划的机构的管理人员，具体又包括商业机构管理人员、医疗保健机构管理人员、一大部分教育机构的管理人员，而且还包括政府特别是地方政府机关的管理人员——尽管政府机关的支付能力受到了设置养老金计划准备金导致的通胀压力的威胁。

从很多方面来看，这个新的多数派是"老多数派"的重生。这里所谓的"老多数派"就是马克·汉纳（Mark Hanna）在19世纪90年代所说的由农民、熟练工人和小业主构成的多数派。这个多数派在大批量生产和大公司的发端、大萧条的发生和新政的实施之前在美国一直占据着支配的地位。

马克·汉纳在 1896 年所说的多数派概念在今天会被认为是一个保守甚至反动的概念，但汉纳同时代的人，包括美国工人联合工会的创始人萨缪尔·冈波斯（Samuel Gompers），可不是这么认为的。的确，马克·汉纳所说的那个多数派是一个激进的多数派概念，这个概念强调一个新的原则，并且把它作为共同利益的基础。马克·汉纳不再相信自利这只"看不见的手"，但仍然相信经过市场检验的生产力这只"看不见的手"。在马克·汉纳那个时代的美国，生产力已经成为社会主要群体共同关心的利益焦点，而且也已经成为驱动当时美国的经济引擎。马克·汉纳的这种观点在 1896 年可算是一个重大创新。事实上，"生产力"这个词如果不是马克·汉纳本人，就是他圈子里某个人作为一种政治宣言而创造的。他们的这一政治宣言宣告了自美国南北战争以来控制共和党的老牌保守势力大权旁落，他们所代表的多数派很快就分崩离析。虽然马克·汉纳这只新的"看不见的手"把他所说的那个多数派扶上了台，并且赋予这个多数派凝聚力长达一代多人的时间，但最终还是这只"看不见的手"在大萧条期间毁掉了这个多数派。[⊖]

一个新的永久多数派可能有一只"看得见的手"，那就是养老基金机制。这个机制既象征着经济绩效与经济福利之间的直接关系，又把这种关系付诸实施。这个多数派也可能存在很多内部冲突，就像马克·汉

⊖ 似乎很少有人知道，马克·汉纳不但创建了全美制造商协会，而且还在美国劳工联合会的创建过程中起到了关键的作用（也许仅次于萨缪尔·冈波斯），对"工联主义"的发展做出了重大贡献。马克·汉纳所说的"自由企业"这个概念就是表达了整个美国对经济绩效和高工资的关心。他提出"自由企业"这个概念极可能就是为了把"美国制度"与"资本主义"区分开来。

纳所说的由农民、熟练工人和小业主组成的多数派那样。但是，它同样也有对经济绩效、基于效率的平等和币值稳定等问题的共同重大关切以及每个永久性政治团体都有的所谓需要：共同的敌人——"官僚主义"以及向那些没有为"多数派"的养老基金缴费但有希望靠养老基金养老的人进行的"转移支付"。因此，这个新的多数派有能力发展自己的政治平台和经济计划。

这个新多数派可能不是一个"保守"的多数派。事实上，它在很多方面表现出一种强烈的激进主义倾向，如在医疗保健、住房和妇女权利平等方面。但是，被这个新多数派视为关键的问题（是它感受到的情感，它认为重要的东西）可能完全不同于那些被今天的"自由分子"和"保守分子"视为、认识到和认定重要的问题，而它所提出的问题几乎可以肯定也迥然不同。换句话说，这个联盟倘若能够结成，那么必将是一个名副其实的新联盟，既不同于罗斯福新政前的保守联盟，也不像过去40年的自由主义联盟。

这样的多数派在今天似乎是完全不可能出现的，而且马克·汉纳所说的那个"多数派"今天更不可能出现。在1890年那个时候，在克利夫兰（Cleveland）、布劳恩（Bruan）或者共和党保守派看来，马克·汉纳所说的那个"多数派"似乎也是不可能出现的。但是，就是那个多数派于1896年把共和党扶上了台，并且此后团结在一起长达35年。我们这个新的多数派将需要坚强的政治领导，但也有可能在政治家的鼓动下团结起来反对"削尖脑袋的官僚分子"。

预见美国政坛将会出现新的政治联盟，是我们这个国家最古老的政治游戏之一。从美国建国以来，每个政治联盟、每个"多数派"刚出现时都十分脆弱、漫无秩序、根基不稳甚至摇摇欲坠，但是一旦确立了地位以后就能在美国政坛显示出巨大的耐久力。也许是由于美国的政治联盟都不是因为意识形态问题结集起来的，而是赤裸裸地建立在利益的基础上的，因此，它们比任何其他国家的政治联盟都要稳定。美国现有的政治联盟对于政治学说具有异乎寻常的抵抗力，它们不但能够在遭遇了失败以后生存下来，甚至还能在获得了胜利以后发展壮大，这一点大多数联盟（无论是政治联盟还是军事联盟）都无法做到。

但是，美国政坛政治联盟的重组也是不可避免的。人口年龄结构和人口重心的根本变化往往会导致政治联盟发生变化。当新的重要机构或者制度因所有权结构和主要生产性资源控制权发生基本变化而问世时，美国的政治联盟就会发生变化。因此，触发美国政坛政治联盟重组的因素就是那种引发"看不见的革命"的发展实践，如养老基金社会化给美国带来的那种发展实践。

因此，养老基金的出现也许自 20 世纪 30 年代以来第一次为美国政坛政治联盟的真正重组提供了可能性，这是一种在领悟了美国已经实现具有其显著特色的"社会化"的基础上实施的政治联盟重组。

公 司 治 理[⊖]

　　15 年前，笔者曾第一个预言"看不见的革命"将改变美国企业的所有权。现在，这一点已经清晰可见。20 个最大的养老基金（其中 13 个是州、市政府公务员或者非营利机构雇员的养老基金）大约持有美国上市公司 1/10 的股权资本。合起来算，机构投资者（主要是养老基金）控制了美国大型企业（和很多中型企业）将近 40% 的普通股。规模最大、增长速度最快的养老基金（公共部门的雇员养老基金）不再满足于只充当被动投资者的角色，它们越来越多地要求在它们投资的公司里拥有话语权，如对董事任命、高管薪酬、公司章程主要条款的否决权。

　　养老基金还持有美国大公司 40% 左右的中长期债券，这一点虽然同样意义重大，但在很大程度上仍然被忽视。因此，养老基金已经成为

　　⊖　这篇后记最初发表在《哈佛商业评论》（1991 年 3 ～ 4 月号）。

美国企业最大的债权人和所有人。正如金融课本多年来所强调的那样，债权人拥有与所有人相当（有时甚至更大）的权力。

养老基金作为企业控股股东和债权人的崛起，代表着人类经济史上最惊人的权力转移之一。通用汽车公司在1950年设立了第一个现代养老基金。40年以后，养老基金总共控制了25 000亿美元的资产，其中普通股和固定收益证券差不多各占一半。人口统计数字能够保证这些资产至少还能强劲增长10年。除非经济遭遇持续很久的不景气，否则，在整个20世纪90年代，养老基金每年将向新的资源投资1000亿~2000亿美元。

20世纪80年代之所以发生很多金融动荡——恶意收购、杠杆并购和重组狂潮，在很大程度上是因为美国直到最近还没能认识到（更不用说面对）这种权力转移。有两个问题特别应该注意：作为美国企业的新所有人，养老基金应该要求企业管理层承担什么职责？什么样的机构结构适合企业管理层履行职责？

其实，与其他发达国家相比，美国在把大公司的股权集中在为数很少的机构手中这方面行动非常迟缓。在德国，3家大银行长期控制着大公司60%左右的股权，部分是通过直接持有的方式，部分是通过自己的客户实施间接持有。（根据德国的相关法律，银行有权参与客户企业的经营管理并拥有表决权。）在日本，多数大公司是为数甚少（最多10个）的财团（现在常称"经连会"）的成员企业。在经连会里，每家成员企业20%~30%的股权由经连会内部另一家成员企业、银行和贸易公司持有。而且，成员企业的信贷基本上全部由经连会自己的银行提供。在意大利，从 20 世纪 30 年代以来，一半大企业由国家拥有或者控制（意大利工农设备公司是全欧洲第二大公司）。其他意大利大公司都由像菲亚特这样五六家大型混合企业集团控制。

美国企业的所有权结构完全不同于以上几个国家，甚至是世界上独一无二的。在欧洲和日本，股权是一种达到非财务目的的手段。德国银行的收入不是来自它们持有的以它们为"主银行"的公司的股权，而是来自与这些公司发生的商业关系。德国最大的金融机构德意志银行为其客户公司提供日常银行服务（如开具信用证）的收费收入是它从这些公司分到的股息的好几倍。日本经连会最关心的是权力——控制市场的权力、支配供应商和分包企业的权力以及控制和影响相关省和公务员的权力。至于有形收益，日本经连会从与其他成员公司的业务中赚到的利润远远多于它们分到的股息。在意大利，政府控股公司集中了市场经济国家最大的经济实力，但它们主要为实现政治目标服务。它们要在具有政治重要性的地区提供工作岗位，为忠诚的党员提供有利可图的高管职位，而且还要为执政党提供竞选资金。

无论是德国银行、日本经连会还是意大利政府或者其控股的混合企业集团，并不十分关心股价或资本收益，也无意卖掉手中的股权。相比之下，美国的养老基金与它们投资或贷款的公司并没有其他业务关系，它们根本不是"企业"，而是"资产经理"。正如我们将看到的那样，美国的养老基金在无论是该做什么还是不该做什么方面都可以从欧洲和日本的发展经验中学到很重要的东西。但是，美国所有权和信贷权向这些完全不同的新所有人的快速转移，同样也提出了一些完全不同的全新问题。

20世纪70年代初，美国的养老基金首次作为美国股权资本的主要所有者出现。但在这以后的15年或者20年里，养老基金所有者一直被人忽视，造成这种状况的原因部分是养老基金本身不希望成为"股东"，而只想成为被动的"投资者"和短期投资者。"我们不收购整家公司，"它们声称，"我们买进股票，只要它们在短期内不再有良好的盈利前景，我们随即就会抛掉。"此外，养老基金的发展与美国的传统和每个美国人当时认为（而且很多人仍然认为）理所当然的美国经济结构是完全格格不入的。在养老基金成为最大的权益资本持有人后的很长时间里，数以百万计的美国民众每人持有美国大公司的一小部分股份。肯定的是，美国的雇员已经变成了美国生产资料的所有者，但他们要委托为数很少但规模巨大的托管人来行使股权。

最后，迷雾开始散开，养老基金托管人，尤其是代表公共部门雇员的养老基金托管人，开始意识到它们不再是股票投资人。根据定义，股票投资人能够抛售手中的股票，一个小规模的养老基金或许还能够这样做。美国现在大概有数千个这样的小规模养老基金，它们的总资产占美国养老基金总资产的份额不超过1/4。即使一个中等养老基金的股票持有额也已经大到不能随便抛售的地步。或者更确切地说，通常只有在另一只养老基金想买进时，这些养老基金才可能卖掉手中的股票。养老基金持有的股票实在太多，散户市场难以吸纳，因此一直在机构之间交易。

美国企业的所有权远远没有德国、日本或者意大利那样集中，并且将来也不会像这些国家那样集中。因此，美国的养老基金仍然没有德国大银行、日本经连会或者意大利混合企业集团那样的施展空间。但是，美国的大养老基金个个都持有占美国一家大公司总资本 1% 或 2% 的股权，所有的养老基金合在一起可能持有一家大公司 35% 的股权。（如养老基金持有大通曼哈顿银行 75% 的股权。）一家公司 1% 股权的持有者已经很难卖掉手中的股票，而一家公司 40% 股权的持有者，即美国的养老基金，根本就不可能卖掉手中的股票。这样，美国的养老基金对于它们持有股权的公司，差不多就像德国的大银行对其客户企业或者日本的经连会对成员企业要承担责任。100 年前，当有人批评格奥尔格·西门子（Georg Siemens，德意志银行创始人和主银行制的发明人）和他的银行花了很多时间帮助一家遇到麻烦的客户企业解决问题时，他回答说："既然我们不能把它卖掉，那么就应该关照它。"现在，美国的大型养老基金应该开始明白西门子讲这句话的意思了。

养老基金就像 19 世纪的很多企业所有人，不能充当企业的管理人。然而，任何企业，即便是小企业，也需要独立自主、能力很强的管理人员，而管理人员应该有职有权，并且有足够的时间来构建和经营管理组织。因此，养老基金作为美国的新所有人必须日益保证它们持有股权的公司有它们需要的管理层。就像我们在过去的 40 多年里了解的那样，这就意味着公司管理层必须明确向某人负责，而且这种负责制必须用制度的形式加以确定；这就意味着，公司管理层必须要对公司的精确量化的**绩效**和**成果**负责，而不是只有良好的意愿。这还意味着管理层的责任中必须包含财务责任，尽管人人知道管理层要负责的绩效和成果一定高于财务"底线"。

无疑，大多数人会说，我们知道绩效和成果对于企业的意义。这一点我们当然应该知道，因为明确定义绩效和成果是管理层卓有成效以及企业股东获得成功和实现利润的一个先决条件。其实，从第二次世界大战结束以来的40年里曾经出现过两个关于绩效和成果的定义，但都没有经受住时间的考验。

第一个定义大约出现在1950年前后，与发明现代养老基金的时间几乎相同。当时最杰出的"职业经理人"、通用电气公司首席执行官拉尔夫·科迪纳（Ralph Cordiner）认为，上市大公司的最高管理者就是一个"受托人"。在科迪纳看来，高管人员在管理企业时有责任保证股东、顾客、员工、供应商和工厂所在社区的城市（我们现在所说的"利益相关者"）的利益达到最佳平衡。

就像我们中的某些人立刻就会指出的那样，科迪纳的回答并不完美，仍需要对成果和关于利益的"最佳平衡"的含义做出明确界定，还需要一个明确的问责制架构，设立一个独立、有权的监控机构来监督管理层履行绩效和成果责任的结果。否则，公司职业管理层就会成为开明的暴君——无论是柏拉图式哲学王还是公司的首席执行官，开明的暴君既不可能取得绩效也不可能长期保住自己的位子。

但是，科迪纳这一代高管以及接他们班的高管，并没有清晰界定什么绩效和成果能达成各方利益的最佳平衡，也没有发展任何形式的问责制。因此，20世纪50年代式的职业经理人既没有取得绩效也没能长期保住自己的位子。

科迪纳式的经理人遭到的终极一击就是 20 世纪 70 年代恶意收购的兴起。他们因此一个接着一个倒台，幸存者也不得不彻底改变自己的管理方式，或者至少改变自己的说辞。现在，笔者所认识的公司高管没人再说他们作为"受托人"管理企业是为了确保各"利益相关者"的利益达到最佳平衡。

养老基金已经成为这一变化背后的驱动力。在投票权没有集中在很少几个养老基金手中，养老基金不愿支持恶意收购的情况下，大部分收购交易都不可能做成。如果企业袭击者必须从数以百万计的散户股东那里寻求支持，那么就要花费大量的时间和财力。

当然，养老基金管理人员对很多恶意收购和杠杆并购、对自身对公司的影响以及自身对经济的价值深表怀疑。养老基金管理人员，尤其是管理公共部门雇员养老基金薪水不高的管理人，对于"绿票讹诈"（greenmail）以及企业袭击者、律师和投资银行大发横财这样的事情，同样也有自己严肃的审美观，并且感到良心不安。但是，他们觉得除了为恶意收购和杠杆并购招股集资外别无选择，于是就在恶意收购和杠杆收购的大潮中随波逐流。

养老基金管理人员支持恶意收购和杠杆并购的一个原因就是，这些交易能够使人产生养老基金其实也能卖掉手中股权（养老基金仍然是"投资者"）的错觉，而且恶意收购和杠杆并购立马就能带来资本收益。由于养老基金资产组合总的来说收益不高，因此，这样的资本收益当然非常受欢迎。不过，正如我们下面就要讨论的那样，他们也是生活在幻觉中，而不是在现实中。

导致恶意收购和杠杆并购在所难免（或者至少创造这些交易机会）的主要原因，就是开明暴君式管理层（没有明确绩效和成果观念以及不清楚向谁负责的管理层）绩效平庸。有人可能会争辩说，在过去的30年里美国那么多大公司都绩效平平，这可不是企业管理层的过错，而是由那些导致美国低储蓄率、高资本成本的错误政策造成的。但是，哨所长官应该为自己负责的哨所发生的事情负责。无论什么原因或者理由，美国大公司在职业经理人监管方面并没有做得特别好——无论是用竞争力、市场地位还是创新绩效来衡量。至于财务绩效，总的来说，美国大公司的股权收益率和资本成本甚至还没达到可接受的最低水平。

因此，恶意收购者履行了一个我们需要的职能。正如一句老话所说的那样，"没有掘墓人，就需要秃鹰"。不过，恶意收购和杠杆并购就像是根治的"外科手术"。即使外科根治术不会威胁到生命，也会对人体造成很大的伤害。恶意收购和杠杆并购会使企业中层管理人员和专业人员心神不定、人心向背，而企业的兴旺发达就要仰仗这些员工的积极性、忠诚和努力。对于这些员工来说，把他们服务多年的公司卖掉或者拆分简直就是背叛，也是对他们一贯奉行的勤奋工作、卓有成效、勇于奉献信念的全盘否定。因此，只有很少的企业在被收购或者并购后的几年里能够取得比以前好的绩效。

那么，难道收购或并购对股东就没有一点好处？或许并非如此。在一宗典型的收购或者并购交易中，比方说，股东（这里主要是指养老基金）每股可获得60美元，而在这宗交易前的一年里，该股票在交易所的平均牌价是每股40美元。在很多情况下，对于股东来说，这50%旳溢价是一种假象。这 60 美元中的 25 美元也许并不是实实在在的现金，而是企业收购者或者他的投资银行提供的认股权证、无担保贷款凭证或者垃圾债券。这些由很多抛售股份的相同机构买进的非现金"非正式证券"很快就会失去价值。很多养老基金立刻就会卖掉这些正在贬值的"证券"，把它们卖给其他养老基金或者机构投资者——因为找不到除它们以外的其他买家。所以，对于整个养老基金界来说，这些收购交易的净财务价值确实值得怀疑。

如今，美国大公司的首席执行官们几乎都声称，他们是"为了股东的利益"经营企业的，并且就是要"使股东价值最大化"。这就是在过去的 40 年里逐渐形成的第二个绩效和成果定义。这个绩效和成果定义听起来远远没有科迪纳主张的"达到利益的最佳平衡"那么崇高，却更加贴近现实。但是，这个定义赋予公司管理层的时间甚至比昔日职业经理人可利用的时间还要短。对于大多数人来说，"使股东价值最大化"意味着在一年半载的时间里（肯定不会有更多的时间）股价能够上涨。无论是对于公司和大股东来说，制定这样的资本收益短期目标都是错误的。所以，作为一种企业绩效理论，"使股东价值最大化"几乎没有什么生命力。

对于企业来说，短期思维的代价几乎不言自明。其实，短期资本收益同样也不利于无法抛掉手中股票的股东。大型养老基金感兴趣的是股票的长期持有价值，即养老基金受益人由缴费的在职员工变成养老金领取者这样长的时期。具体来说，这里的长期就是指养老基金投资的时间——直到基金的未来受益人退休为止，平均大概是 15 年，而不是 3

个月或半年。对于这些"股东"来说，15 年才是合适的回报时间。

然而，有一个群体确实（或者至少认为）能得益于短期收益。他们就是设立固定给付型养老计划的雇主。到目前为止，在一个本末倒置的经典案例中，这些雇主的利益主导着养老基金扮演其"股东"角色的方式。在固定给付型养老金计划中，退休员工每年领取固定的养老金，通常是他们工作时最后 3～5 年平均工资的一定百分比。雇主的每年缴费随着基金资产的价值浮动。如果在某一给定年份，养老基金资产的价值很高（较之于按照保险精算结果确定的为履行未来养老金支付义务所必需的金额），那么，雇主就可减少缴费；如果养老基金资产价值处于低水平，那么，雇主就得增加缴费。

事实上，收益固定型养老基金的出现纯属偶然。1950 年，当通用汽车公司管理层提出设立养老基金的建议时，公司董事会几个有影响力的董事都表示反对，认为设立养老基金是在向工会妥协。在得到了"设立收益固定型养老金计划，公司只需承担很少费用甚至不用承担费用"的承诺后，通用汽车公司的董事们才做出了让步。他们认为，不断上涨的股市可以创造为支付未来养老金所需的资产。后来，大多数私人企业雇主沿用了通用汽车公司的养老基金模式，只不过是因为他们误以为是股市（而不是公司）将承担支付养老金的义务。

不用说，这完全是他们的一厢情愿。正是由于他们不当地追逐短期收益，因此，大部分固定给付型养老金计划表现平平。另一种养老金计划，即固定缴费型计划，有很多取得了较好的绩效。在固定缴费型养老金计划中，雇主按照员工年度薪酬总额的一定比例支付固定的缴费。事实上，固定给付型养老金计划很快就失去了吸引力。由于这种养老金计划不能带来预期收益，因此，很多计划资金准备严重不足。从现在开始，由于执行新的会计准则，这样的资金准备不足必须作为负债列入企业的资产负债表。这就意味着，即使经济遭遇轻度衰退（导致公司收入和股市双双下跌），很多公司很快就会实际濒临破产。于是，很多公司在绩效好的年份就会抹去养老基金的保险精算盈余，并且把它作为"净收入"列入公司利润表，但是，这种做法不可能被长期允许下去。

所以，越来越多的企业退出了给付固定型养老金计划。到当前这个 10 年结束时，给付固定型养老金计划将所剩无几。因此，美国企业的主要股东不再把短期收益作为目标来追求，而短期收益作为企业目标也正退居次要地位。公共部门雇员养老基金都采取固定缴费型计划，并且已构成美国最大规模的养老基金的多数。由于独立于企业管理层，因此，公共部门雇员养老基金，而不是私人企业养老基金，已经后来居上，并且开始书写新的篇章。

我们不再需要如何定义大公司绩效和成果的理论研究，因为我们已经有了成功的例子。无论在德国还是日本，股权都高度集中在机构手中。在这两个国家，股东都不能实际参与管理。在从第二次世界大战结束以来的 40 年里，这两个国家的工业都取得了非常好的绩效，经济运行良好，股东也取得了非常高的投资回报。无论是在 1950 年、1960 年、1970 年，还是在 1980 年，把 10 万美元投资于东京或者法兰克福股票交易所某个像指数基金这样的品种，今天这笔投资的价值要大大高于当时把等额资金投放在纽约股票交易所指数基金上今天能达到的价值。

那么，德国和日本工业企业的机构投资者是怎样定义绩效和成果的呢？尽管这两个国家工业企业的管理方式截然不同，但它们以相同的方式来定义这两个概念。它们没有像科迪纳所说的那样对任何东西进行"平衡"。它们也寻求最大化，但并没有试图使股东价值或者企业任何一"利益相关者"的短期利益最大化，而是努力实现"企业的财富生产能力最大化"。⊖ 这个目标把短期效益和长期效益整合在了一起，并且还把企业绩效的各经营维度（市场地位、创新、生产力以及员工及其发展）与财务需要和财务效益捆绑在了一起，同样也是这个目标维系着企业各利益相关方（无论是股东、顾客还是员工）期望和目标的实现。

把企业的绩效和成果定义为"企业财富生产能力最大化"，由于比较模糊而可能要受到批评。当然，我们不可能通过"填写表格"来获得完整的答案。我们需要决策，而旨在把稀缺资源投入不确定未来的经济决策总是有风险的，并且会引起争议。在拉尔夫·科迪纳最初试图给绩效和成果下定义时——此前没人试图这样做过，"企业财富生产能力最大化"可能确实有点模糊。现在，经过很多人 40 年来的努力，这个定义已经变得清晰明了。这个最大化过程的各个元素都可以进行非常严格的量化，而实际上，那些量化大师、日本大公司企划部和很多德国公司的规划部门已经对它们进行了量化。

⊖　这个概念有悠久的历史渊源。英国伟大的经济学家阿尔弗雷德·马歇尔（Alfred Marshall，1842—1924）率先把"持续经营企业"表述为 100 年前近代经济中的财富生产实体。这个概念重在保护持续经营企业，并且在美国实行新政期间促成了美国的破产法。但是，作为企业管理的实用指南，"企业的财富生产能力最大化"只是在过去的 40 年里才出现。

笔者很可能通过拙作《管理的实践》[⊖]（*The Practice of Management*）已经迈出了明确定义这个概念的第一步。笔者在这本书中大概描述了企业的 8 个关键目标领域。这些目标领域（或者它们的变体）仍然是日本大公司业务规划的出发点。自那以来，很多管理分析师为探索把目标转化为绩效的战略而进行了大量的研究，其中包括哈佛商学院迈尔克·波特（Michael Porter）的开创性研究以及 C. K. 普拉哈拉德（Prahalad）和加里·哈默（Gary Hamel）在《哈佛商业评论》上提出的诸如"核心竞争力"这样的重要概念。[⊜]

需要用财务目标把企业的所有这些目标整合在一起。确实，财务责任是企业及其管理层绩效的关键所在。对于企业来说，不用承担财务责任，就等于什么责任都不用承担。而且不实行财务问责制，其他任何目标领域也就没有效益可言。美国人通常认为，日本人缺乏利润意识，这完全是一种误解。事实上，日本人是根据资本成本来考核利润率目标，因此，他们的利润目标往往要比大多数美国公司的利润目标高出许多。只是日本人虽然不以利润为出发点，却以利润为最终目标。

最后，企业财富生产能力最大化同样有助于确定机构所有者的作用及其与企业的关系。虽然德国和日本公司的管理架构和风格大相径庭，但是，只要公司严格执行事前为了实现企业财富生产能力最大化而制订的经营计划，即公司管理层和一个代表公司股东的任何机构之间达成

⊖　本书已由机械工业出版社出版。

⊜　C. K. Prahalad and Gary Hamel, "The Core Competence of the Corporation," *Harvard Business Review*, May-June 1990.

的共识，它们的机构所有者都会不顾短期效益全力支持公司管理层。这样，公司管理层和股东双方就都会关注公司效益问题，而管理层必须承担应负的责任，并且还能获得履行职责所需要的连续性和安全性。

我们关于企业绩效和成果的问题所知道的一切并不是"最终答案"，但它已经不再是理论上的东西，而是经受过时间检验的实践。而德国和日本企业据以评判绩效的成果要明显高于以"受托人"的身份为了利益相关者或为了股东短期收益最大化经营企业所能实现的效益。

我们还必须在美国（由我们自己来）解决的问题，就是将管理层的责任置于机构结构中。我们需要一部政治学家们所说的"宪法"——一部就像德国公司法那样明确规定公司管理层职责以及其他群体尤其是股东等各自权利的章程。我们应该做的就是德国人和日本人能够向我们证明的，而我们应该怎么做这肯定因要适应美国的条件而完全不同于德国人和日本人的做法。

无论在德国还是日本，公司管理层都要受到严密的监管和严格的考核。在德国，主银行的资深高管通常以监事会主席的身份参加每家由主银行控股公司的董事会。只要公司管理层绩效考核不达标，主银行代表就可能被迅速撤换。在日本，经连会内部大公司的首席执行官（无论是在经连会银行首席执行官还是在经连会贸易公司）代表经连会执行委员会履行职责。经连会高管定期参加经连会召开的会议，例如，三菱经连会高管每隔一周的星期五要参加3～4个小时的会议，认真审议经连会每家下属公司的业务计划，并且考评经连会管理层的绩效。虽然不做公示，但时常有考核不合格的高管被调离、明升暗降或者降职。

德国和日本公司都按部就班地组织管理层绩效分析和考评工作。在德国，这项工作由大银行秘书处来完成。大银行秘书处最早是由德意志银行在 19 世纪 70 年代参照普鲁士军队的总参谋部创建的。大银行秘书处持续跟踪监督以它们银行作为主银行并由银行高管参加董事会的公司。由于相关银行还负责这些公司的商业银行业务，因此，它们的秘书处同时掌握着这些公司的财务和业务数据。在日本，虽然没有这样的银行秘书处，但由综合商社内部银行和贸易公司麾下大权在握的企划部来履行与德国大银行秘书处相同的职能。除了财务信息，企划部还同时掌握着成员公司的经营业务数据。

在美国，即使最大的养老基金由于持有任何一家公司的股权太少，因此无法对公司进行控制。美国的相关法律也谨慎地限制企业养老基金持有任何一家公司的股份最多不得超过公司总股本的 5%。而且，只有很少的养老基金持有一家公司的股权接近这个最高限额。由于养老基金与自己持股的公司没有业务关系，因此无法掌握它们的商业或者业务信息。养老基金并非业务聚焦型机构，而且也没有这个能力，它们只是资产管理机构而已。但是，它们必须对由它们集体控股的公司进行深入的业务分析，而且还要将管理层的责任嵌入机构架构中。

在美国，业务分析（姑且称它为"业务审计"）应该由某类独立的专业机构来完成。其实，美国的一些管理咨询公司已经在做这样的工作，只是在一些特殊情况下，如在某家公司陷入困境以后才介入进行业务审计，等到介入审计时往往已经为时已晚。美国一些大会计师事务所的咨询部也承接业务分析业务。实际上，毕马威会计师事务所（KPMG

Peat Marwick）已经在为非营利组织提供系统的业务审计，并且把这项业务称为"资源开发系统"。最近，有几家会计师事务所在向养老基金（主要是公共部门养老基金）提供关于基金投资行业和公司业务的咨询。

在笔者看来，我们最终会发展一种正式的业务审计实务，一种也许类似于独立执业会计师事务所所做的财务审计实务。因为，虽然业务审计并不需要每年进行——在大多数情况下三年一次就足够了，但必须根据事先制定的准则来执行，并且系统评价业务绩效：从使命、战略开始到营销、创新、生产力、员工发展、与社区的关系等与提高利润率有关的各个方面。以上业务审计的各个元素人所共知，且人人能做，但应该把它们整合成系统的规程。这种审计工作最好并且完全可以由专业审计机构来执行，专业审计机构可以是独立事务所，也可以是会计师事务所新设立的独立业务部。

不难想象，10年以后，除非公司接受外部执业事务所的业务审计，否则，大型养老金不会投资于它们的股份或者固定收益证券。公司管理层当然会进行抵制，但就在60年前，当公司管理层被要求接受外部公认会计师的财务审计甚至公布审计结果时，他们也进行过抵制——实际上是发泄怨恨，结果还不是仍得接受财务审计。

但还有一个问题需要解决：由谁来决定是否要做业务审计？在美国的背景下，现在只有一种回答：由恢复活力的董事会来决定。

在过去的40年里，每一个研究上市公司的学者都重点强调了高效董事会的必要性。为了经营管理好企业，特别是大型复杂企业，管理层必须大权在握。但是，不担责的权力终究会变得软弱无力或者专横残暴，通常是两者兼而有之。我们当然知道如何来提高董事会作为公司治理机构的工作效率。聘用优秀人才并不是问题的关键，普通人也能胜任这样的工作。要想使董事会实际有效，必须明确规定董事会的职责，规定具体的绩效和贡献目标，并且定期按照这些目标考评董事会的绩效。⊖

虽然我们早已明白这个问题，但总体而言，美国公司的董事会的效力变得越来越低，而不是越来越高。公司董事会如果只有良好的意愿，就不可能高效率；如果董事会代表的只是"投资者"，那么也不可能高效率。公司董事会只有代表与企业休戚相关的强势股东，那么才可能真正高效。

大约 60 年前，也就是 1933 年，阿道夫·伯利（Adolph A. Berle, Jr.）和加德纳·米恩斯（Gardner C. Means）出版了《现代公司与私有财产》（*The Modern Corporation and Private Property*），这本书大概是美国企业史上最具影响力的公司治理专著。他们俩在书中指出，随着公司股权朝着众多不关心公司或者没有对公司做出长期承诺、只关心公司短期收益的不知名投资人的转移，传统的"股东"，即 19 世纪的资本家，已经不复存在。因此，他们俩认为，企业的所有权正在与控制权分离，并且正在成为一种真正的法律虚拟权；而企业管理层则越来越不用向任何人、为任何事负责。于是，20 年以后，拉尔夫·科迪纳等"职业经理

⊖ 哈佛商学院教授迈尔斯·梅斯（Myles L. Mace）的《董事会：神话与真相》（波士顿：哈佛商学院出版社，1986 年）是目前论述如何提高董事会效率最透彻、最有说服力的文献。

人"也认同了这种所有权与控制权的分离，并且心甘情愿地接受了这个事实。

如今，时光倒流，养老基金成了截然不同于 19 世纪大资本家的所有者。事实上，养老基金之所以能够成为美国公司的股东，并不是因为它们希望充当这个角色，而是因为它们别无选择。它们既不能卖掉手中持有的股权，又不能以所有者的身份参与管理。但是，它们又确实是美国公司的所有者，它们有责任保证美国最大、最重要公司的绩效和成果。

彼得·德鲁克全集